GIORNO DEI MORTI
TESCHI MOSSICANI
2

LIBRO DA COLORARE

COLORAZIONE COMPLESSA

ILLUSTRATO DA ANTONY BRIGGS

QUESTO LIBRO APPARTIENE A

....

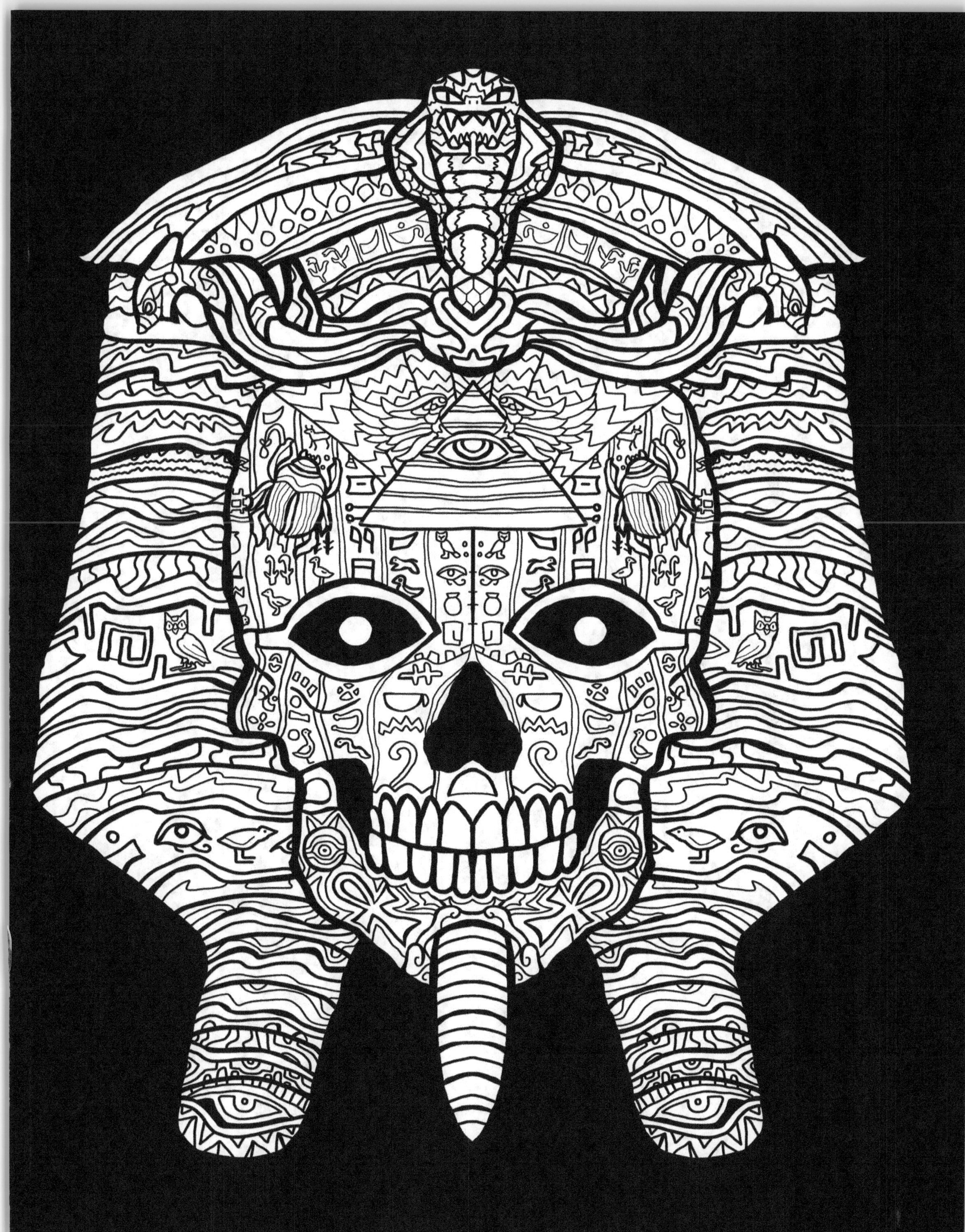

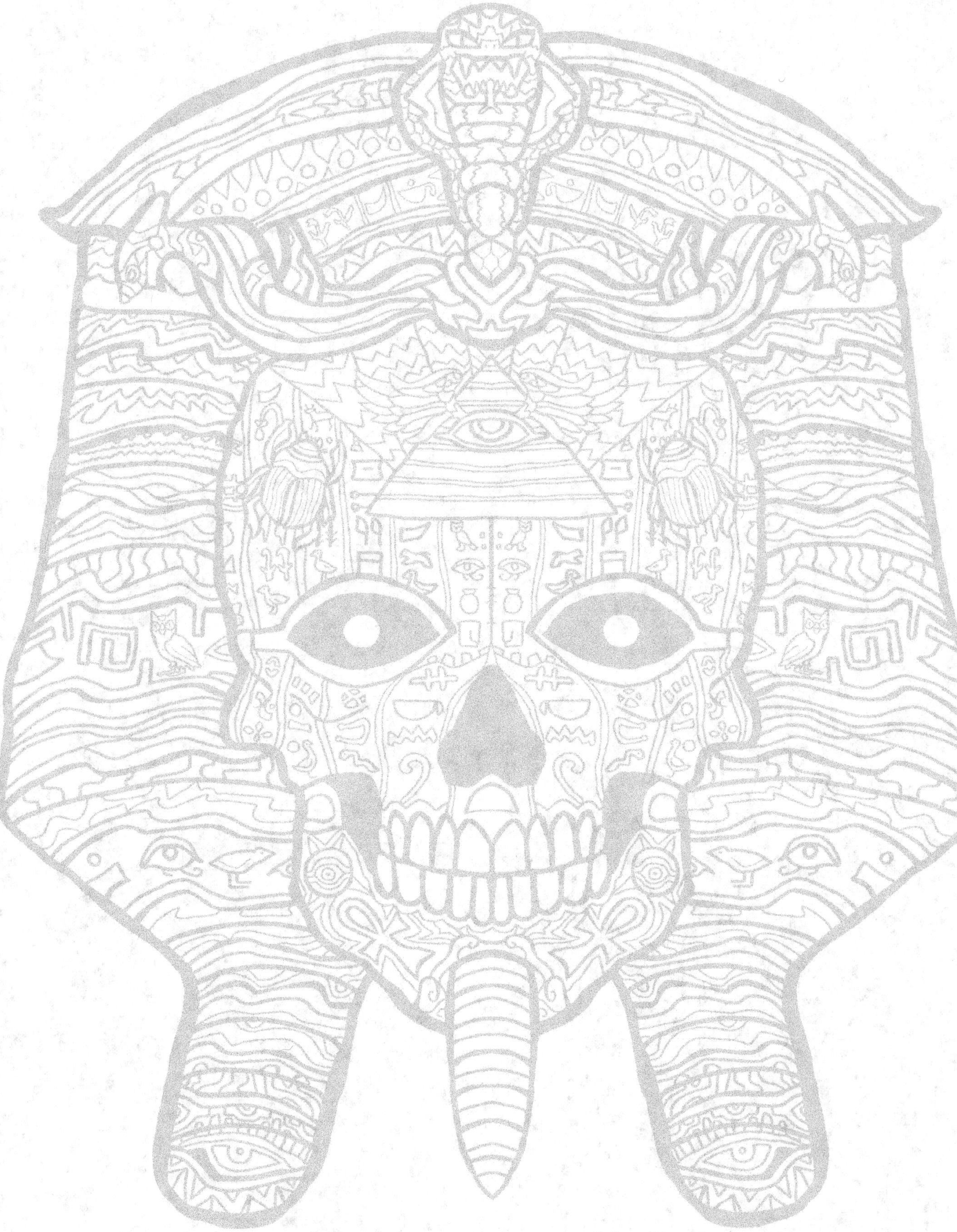

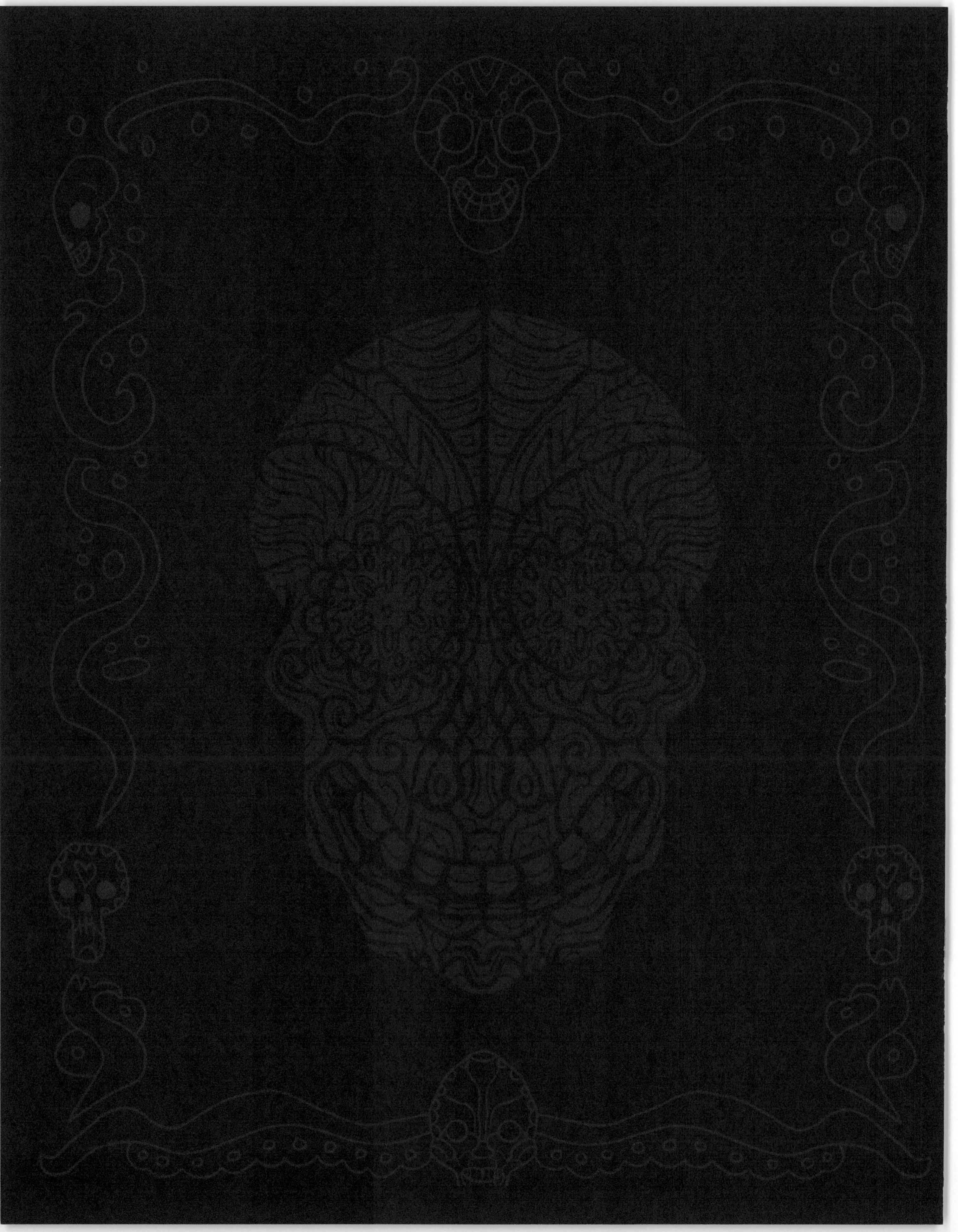

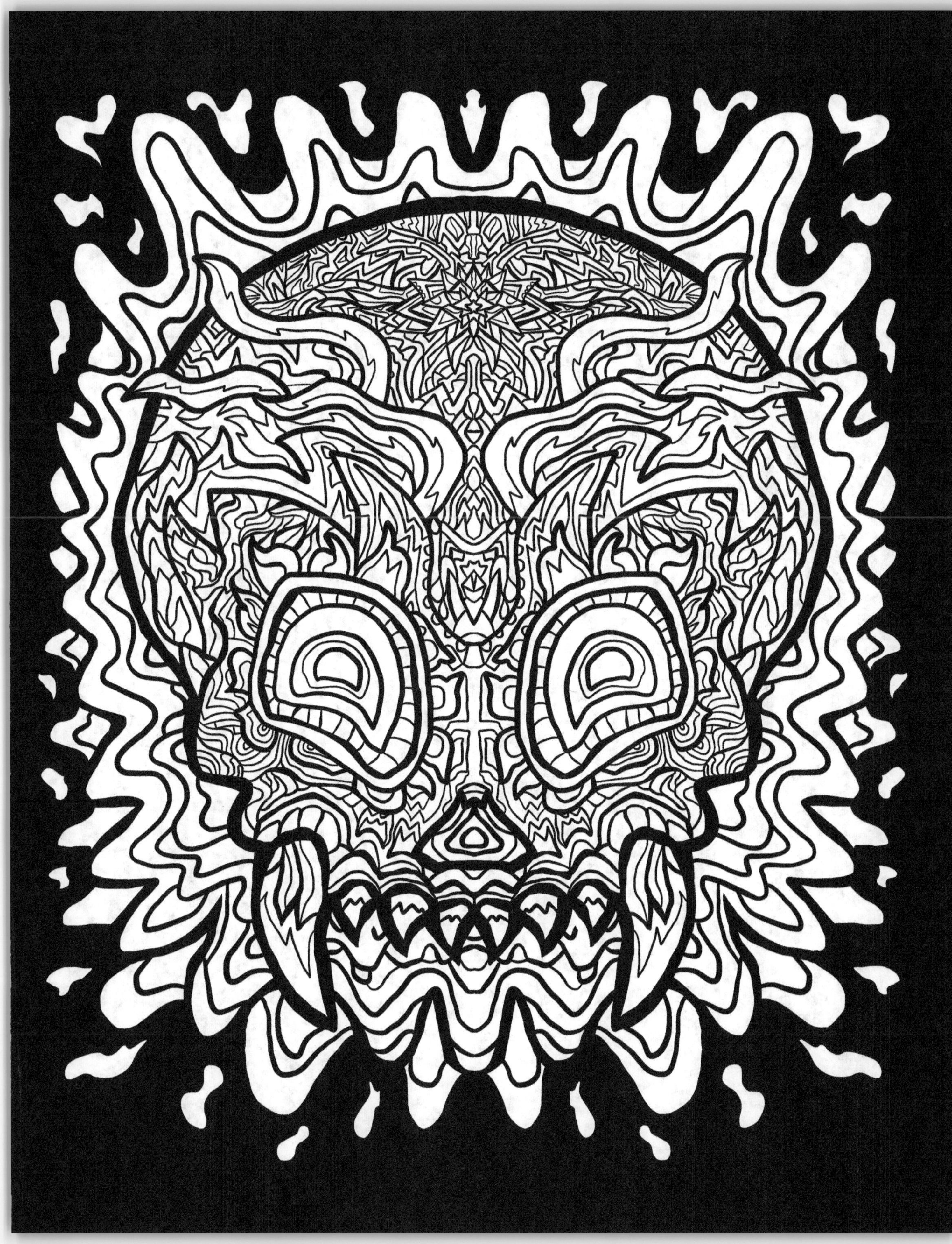

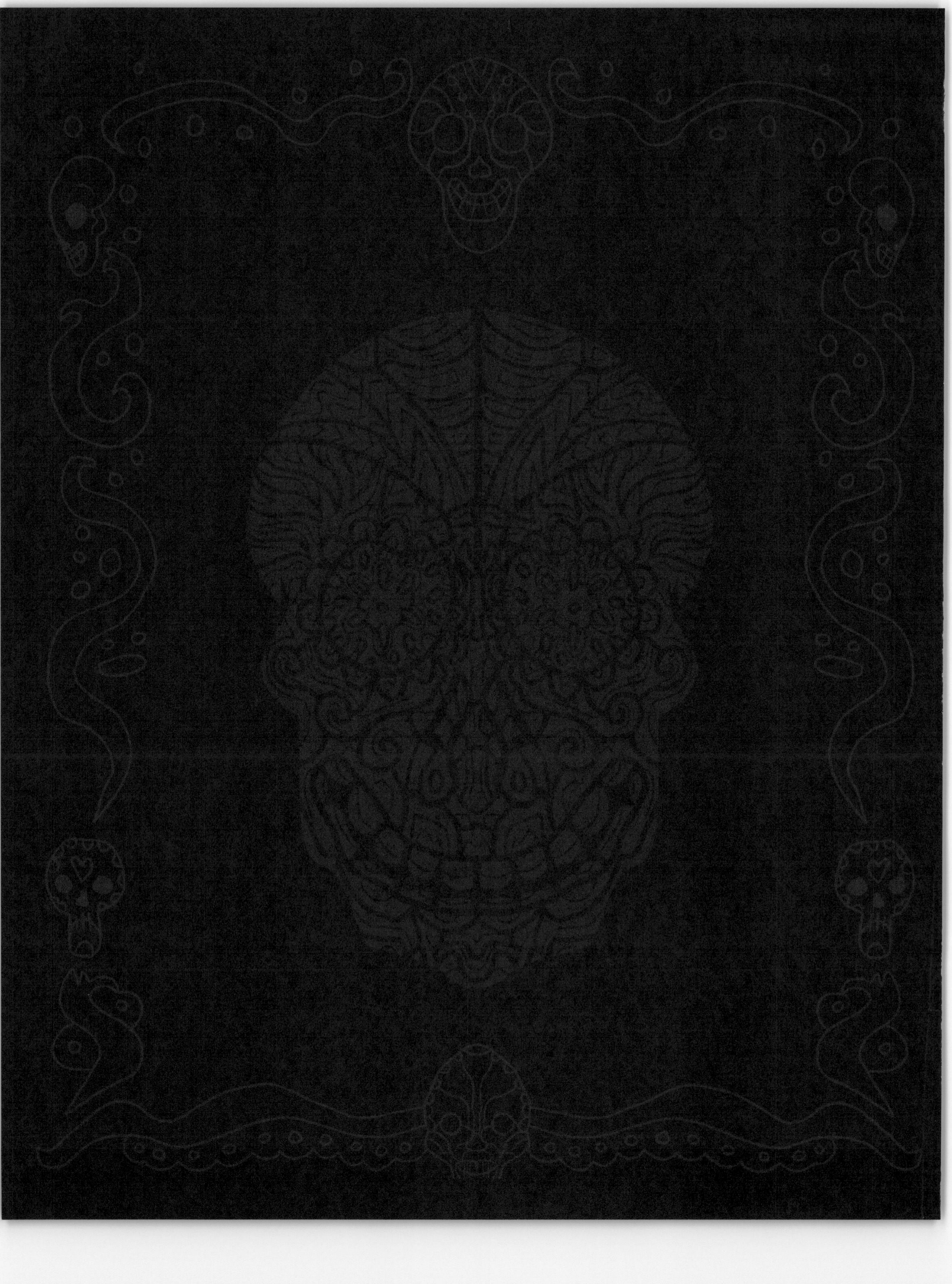

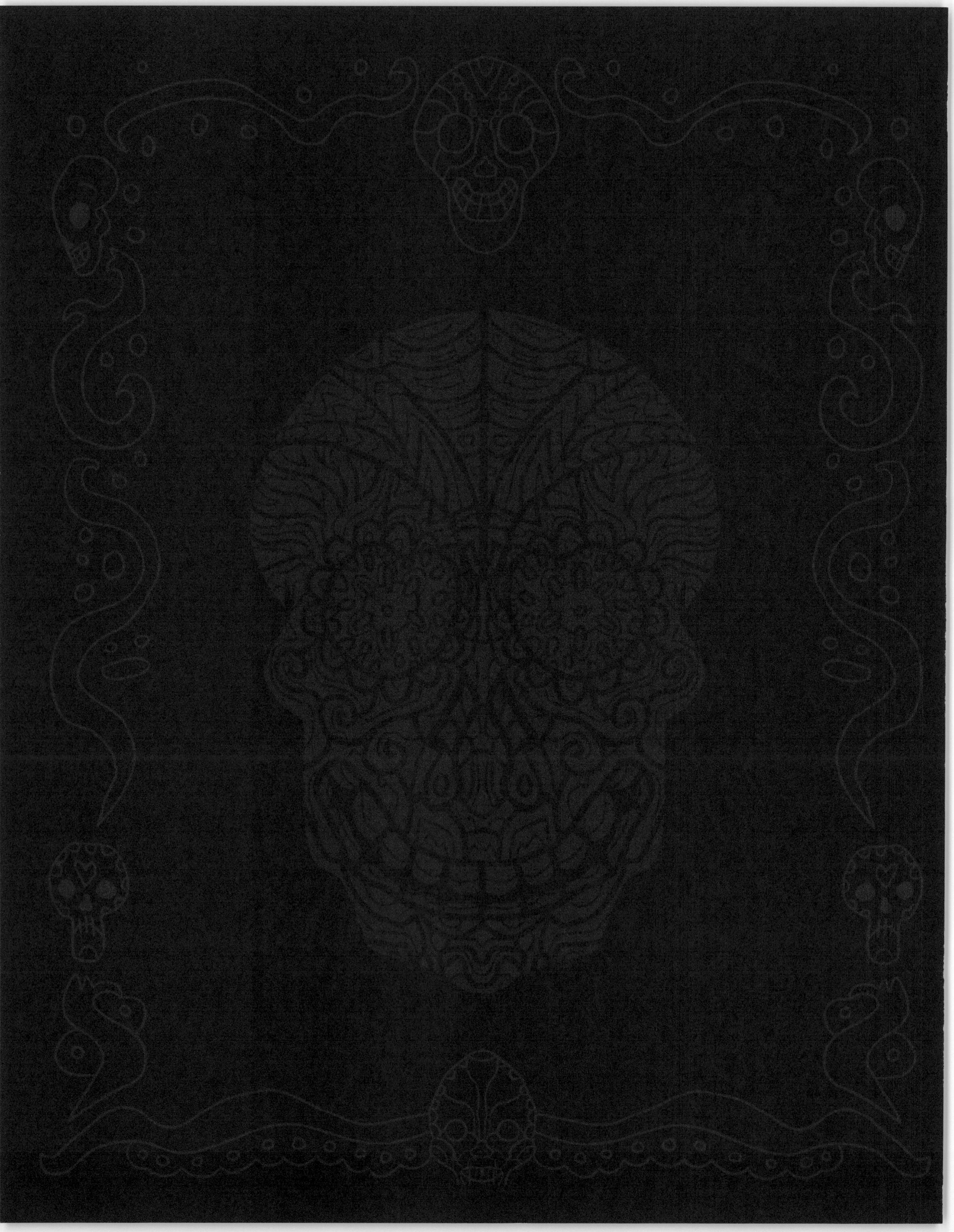

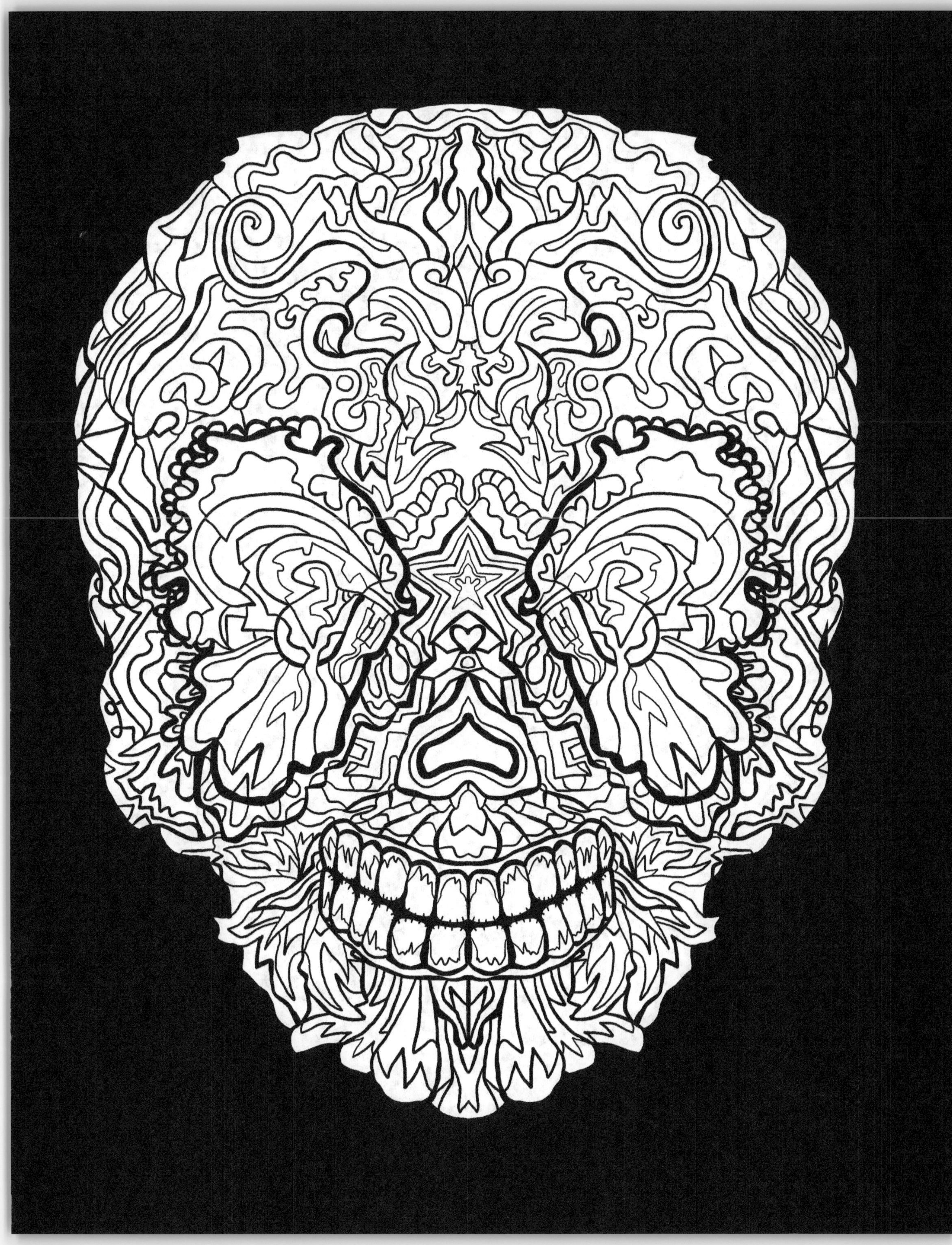

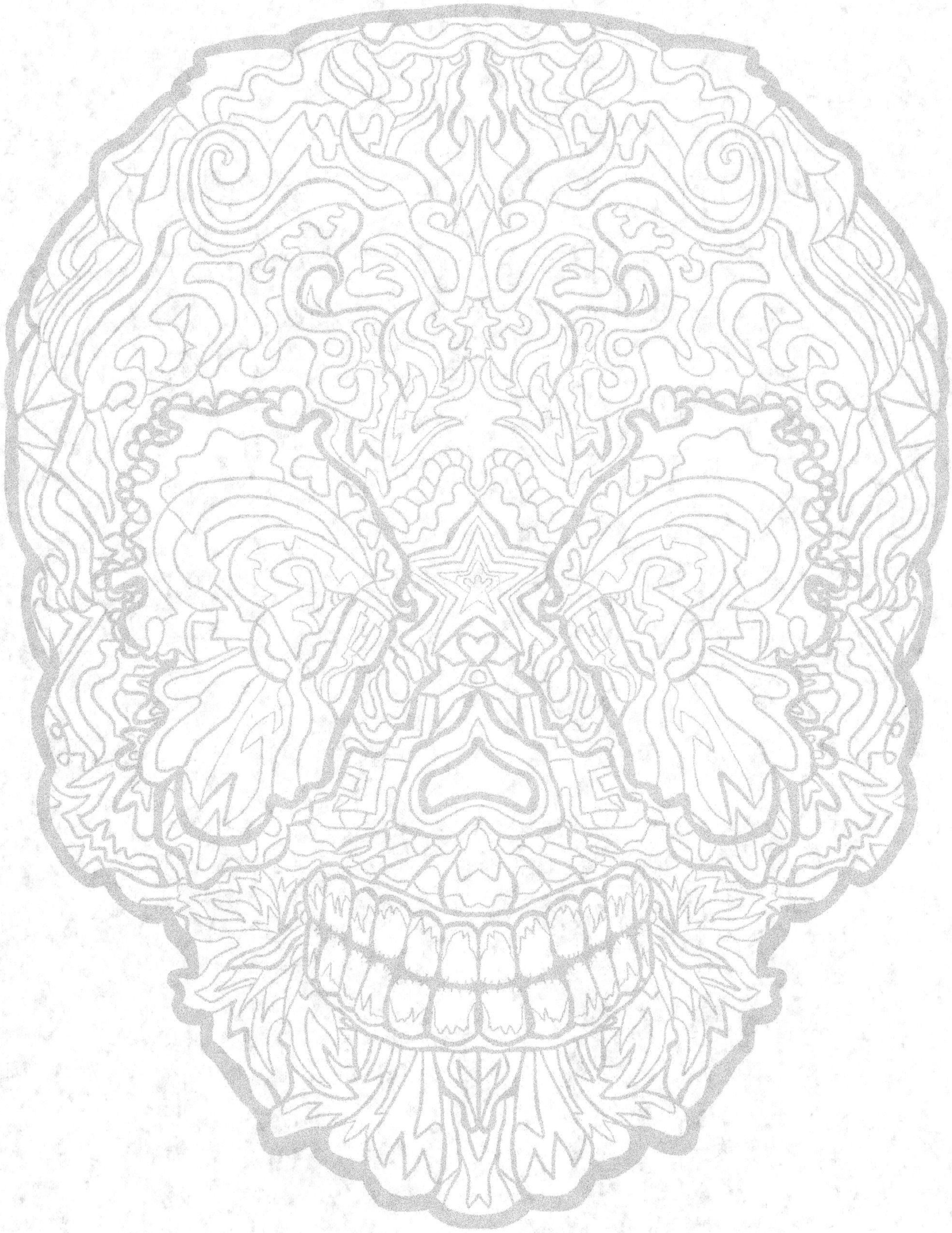

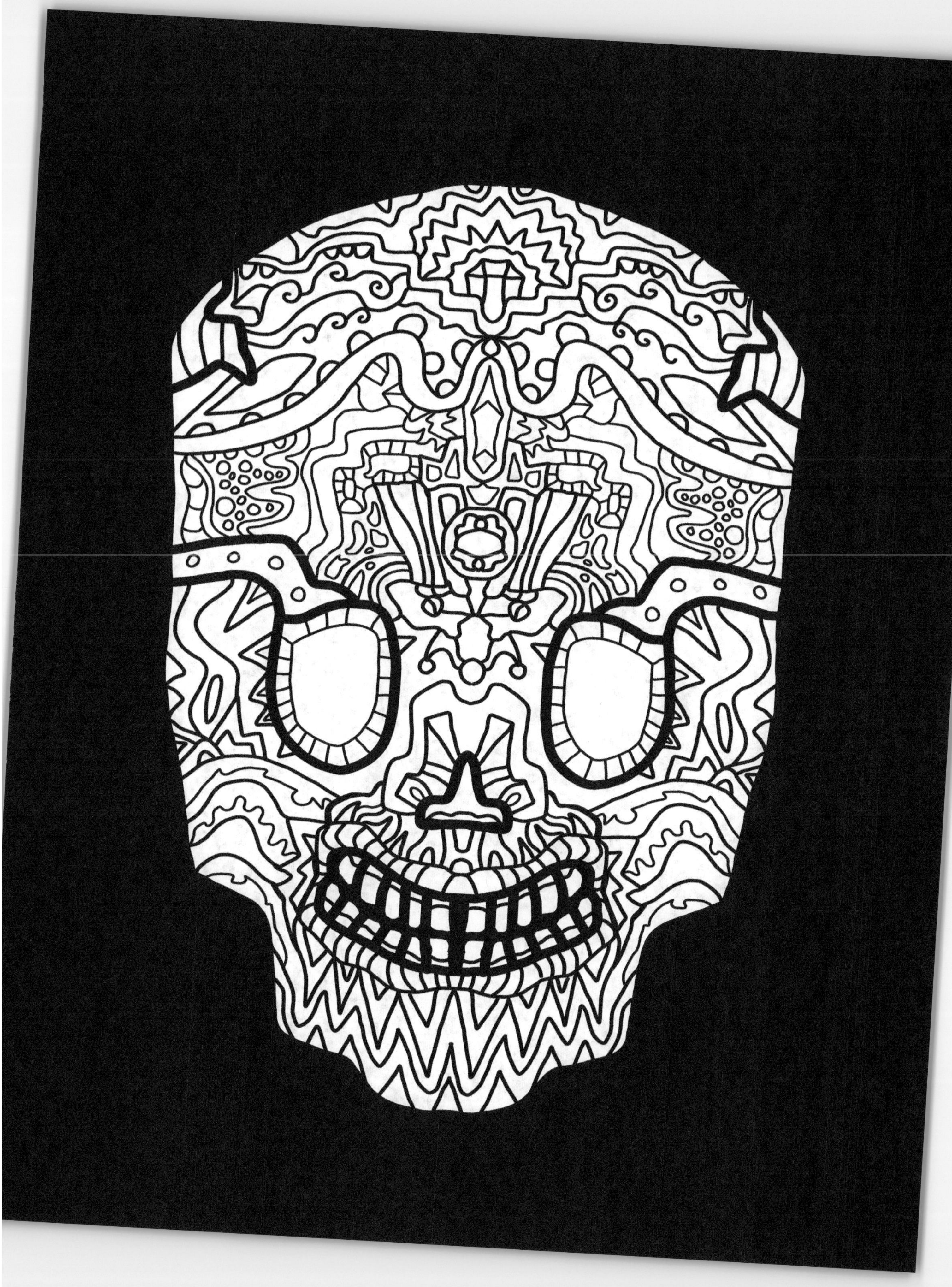

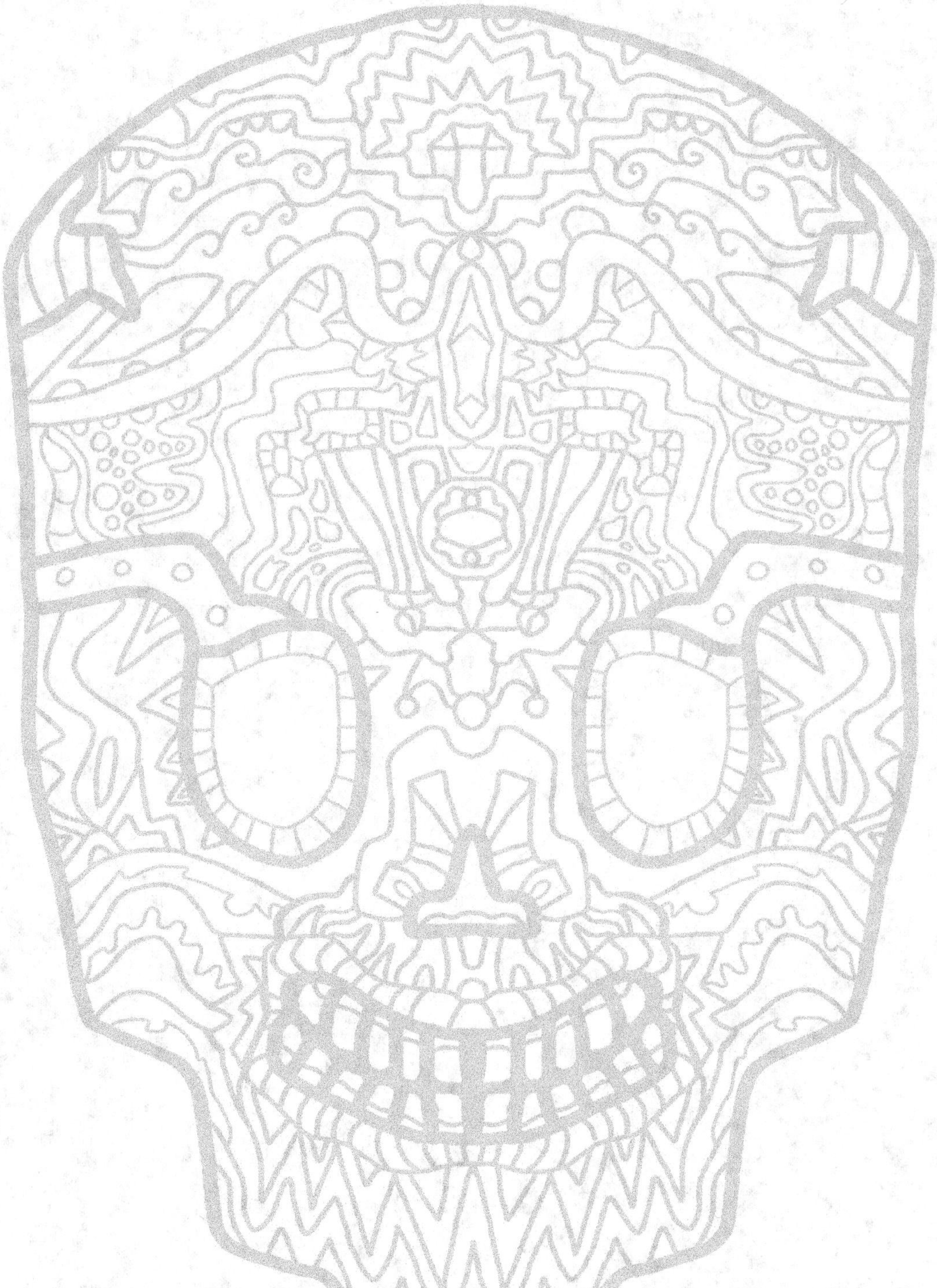

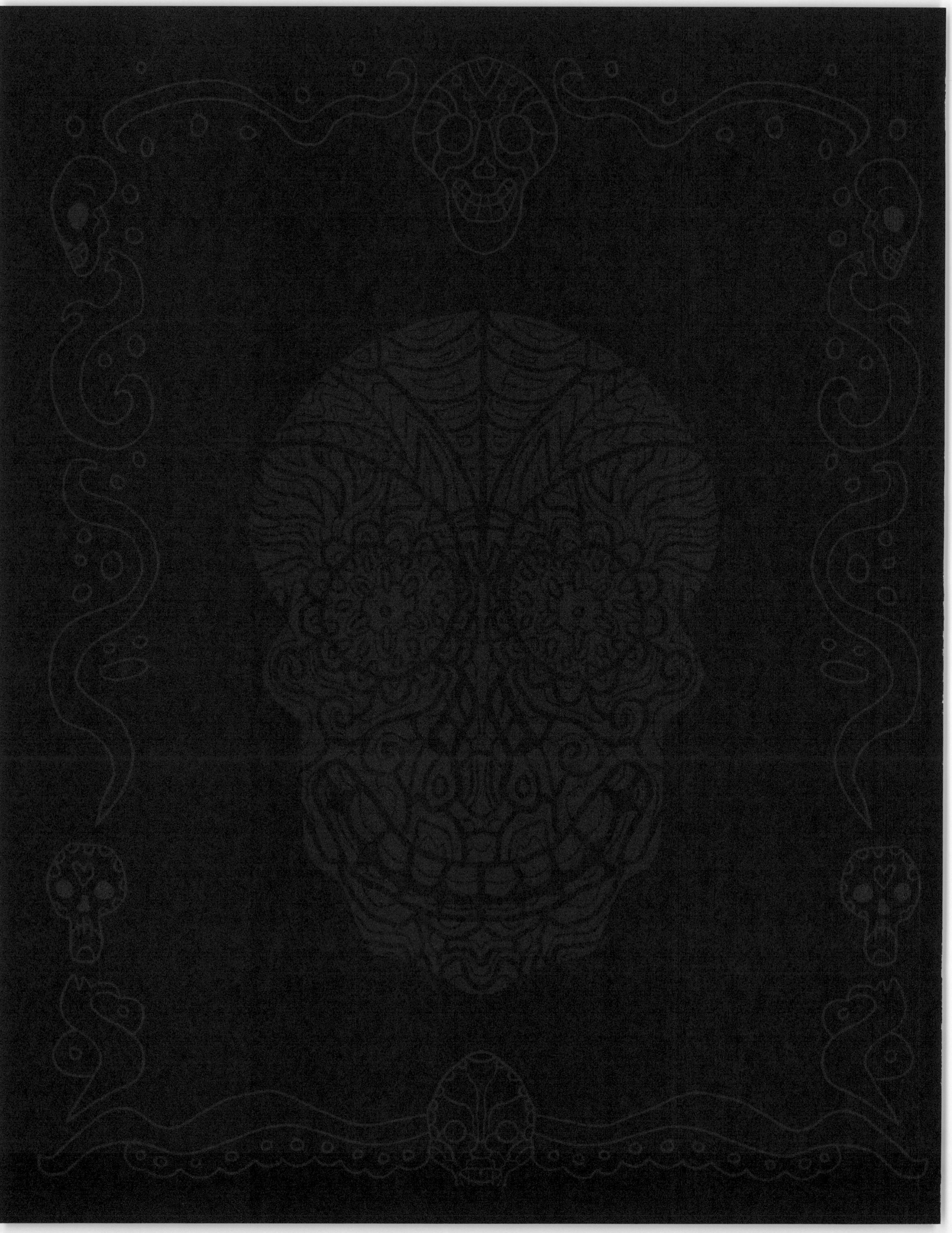

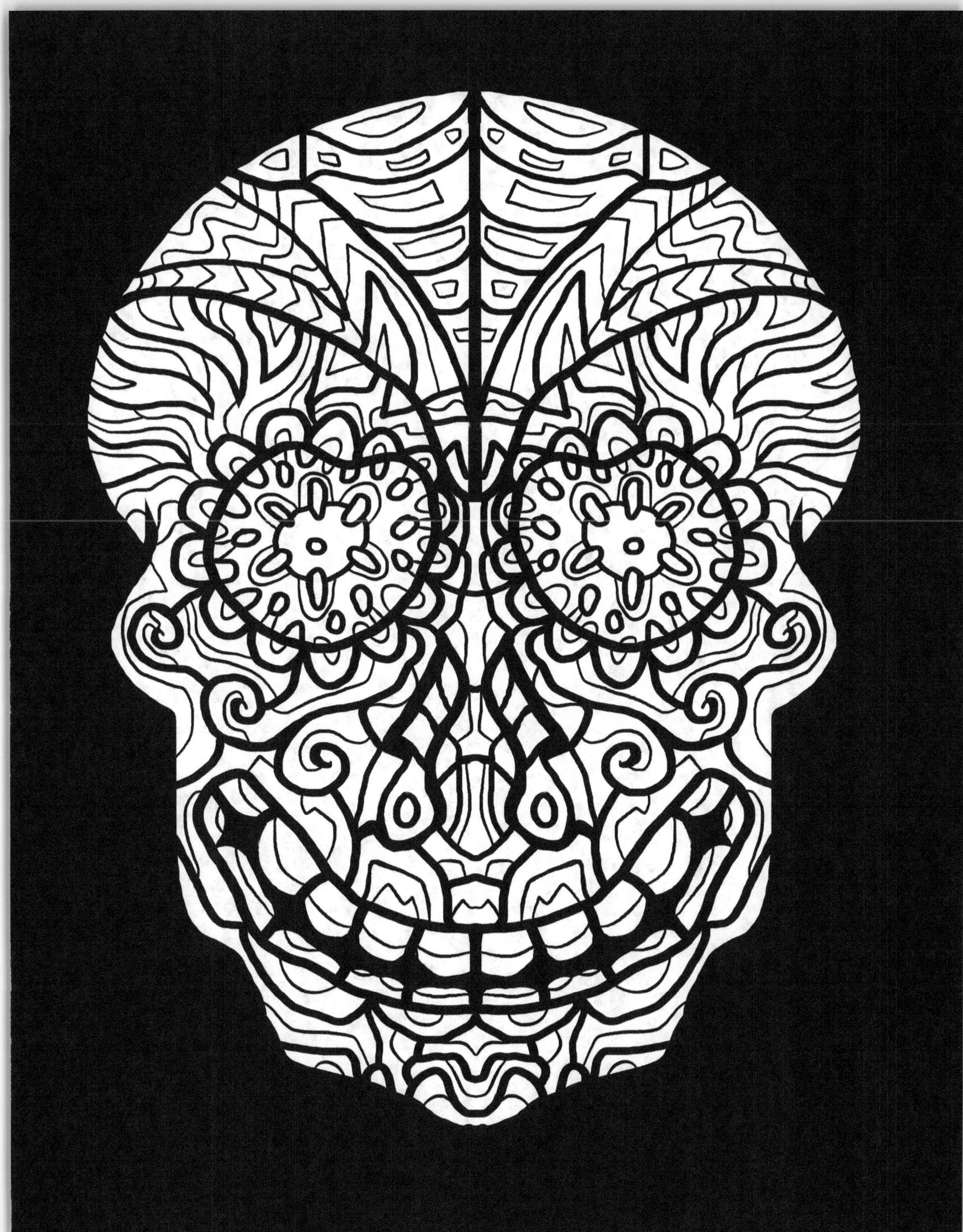

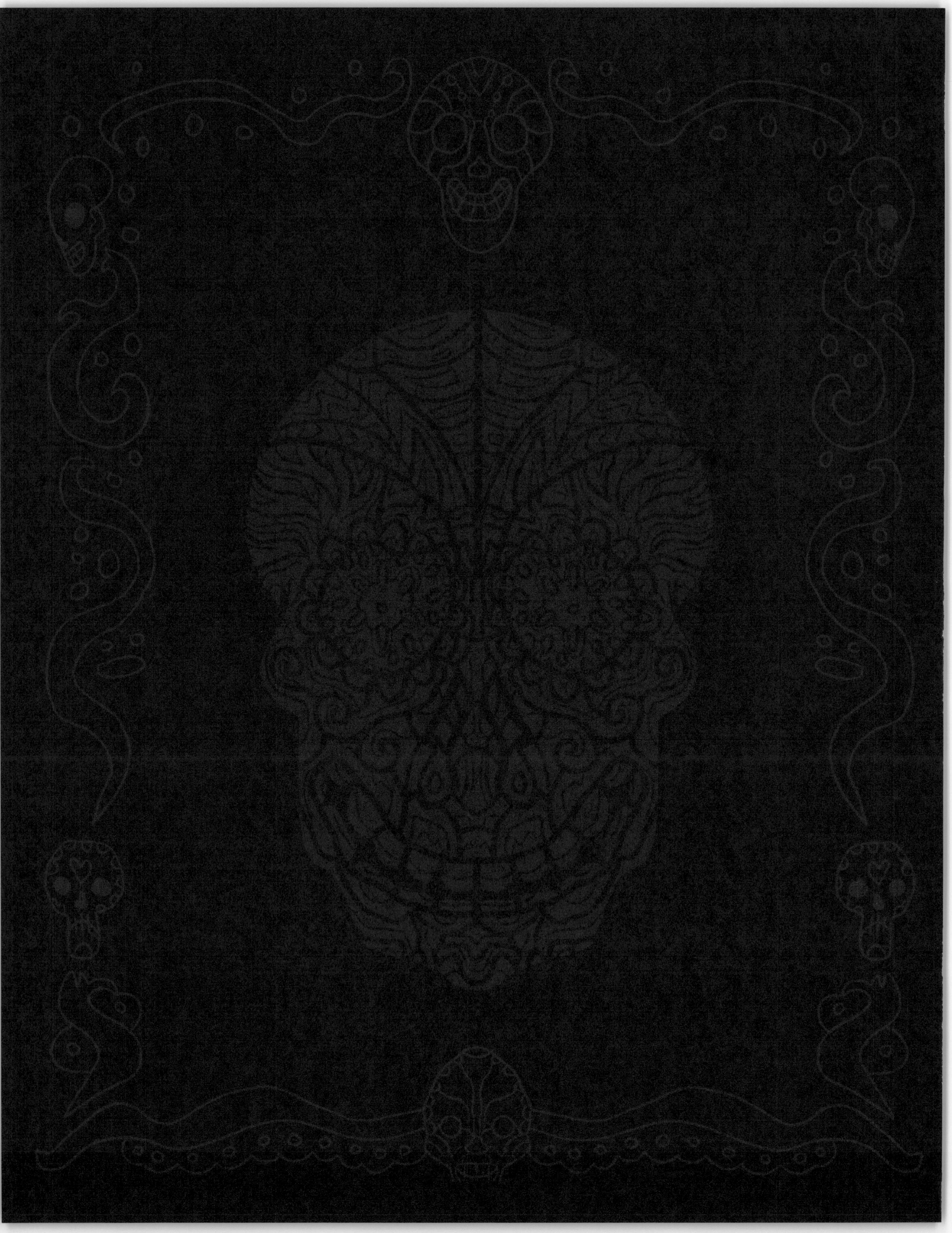

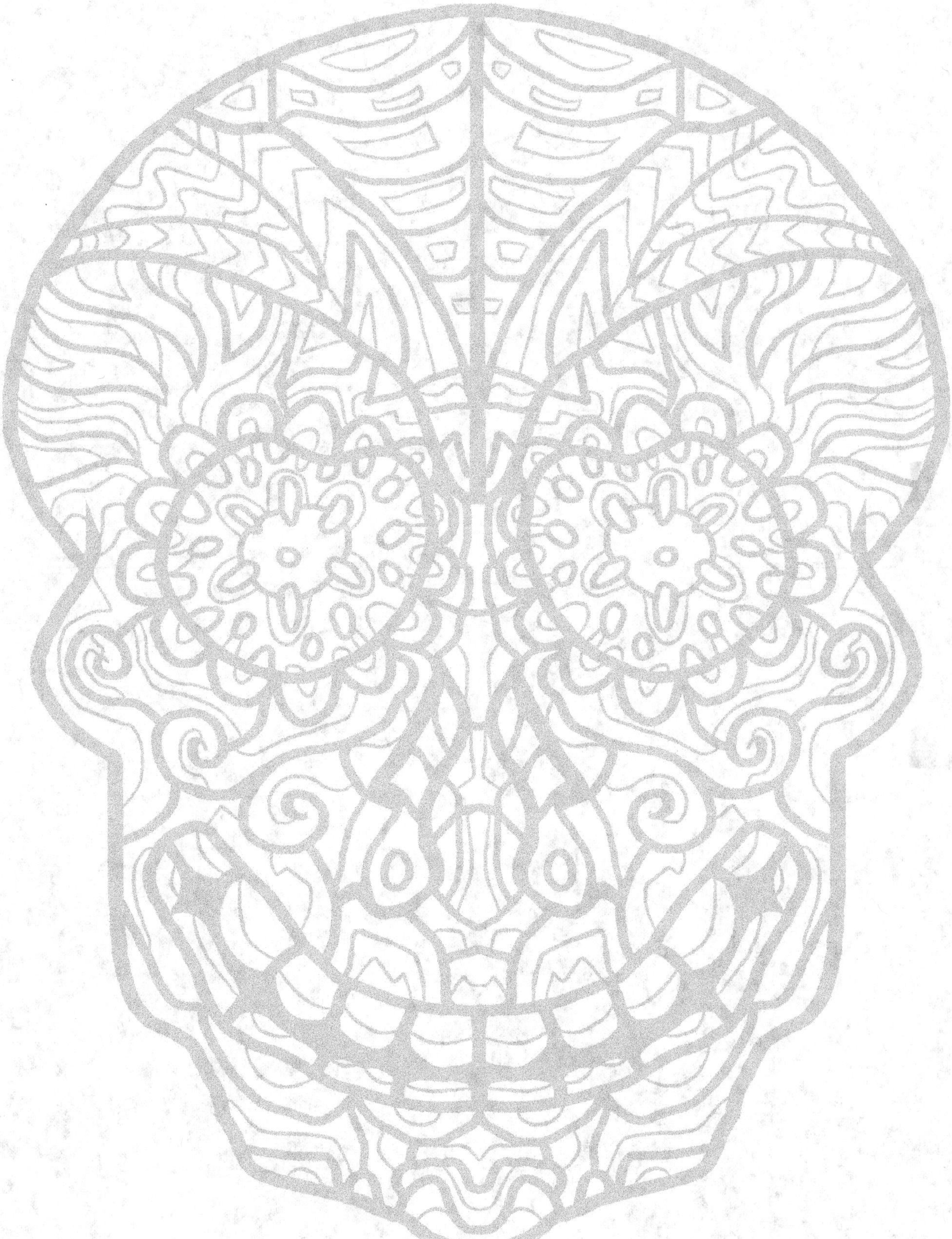

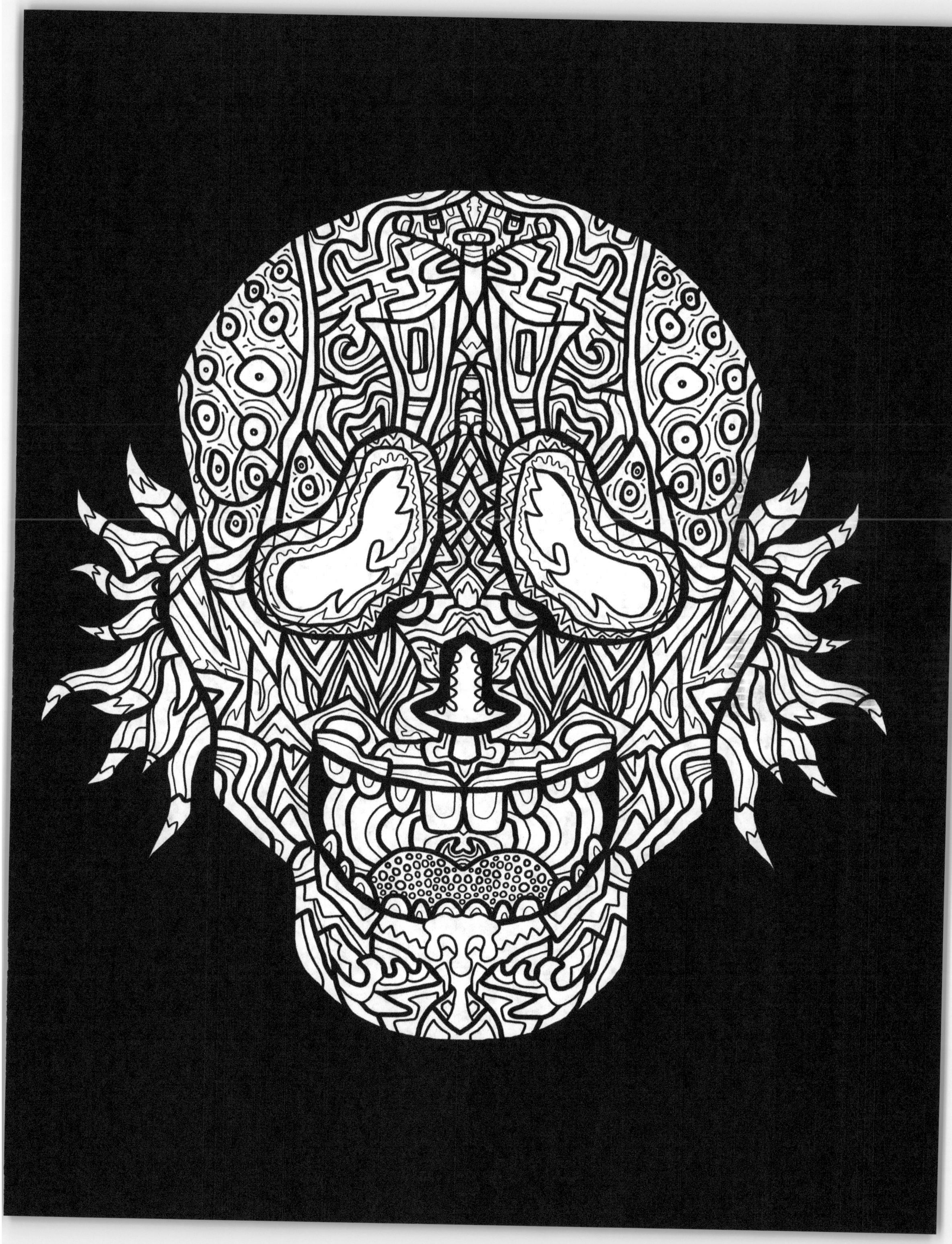

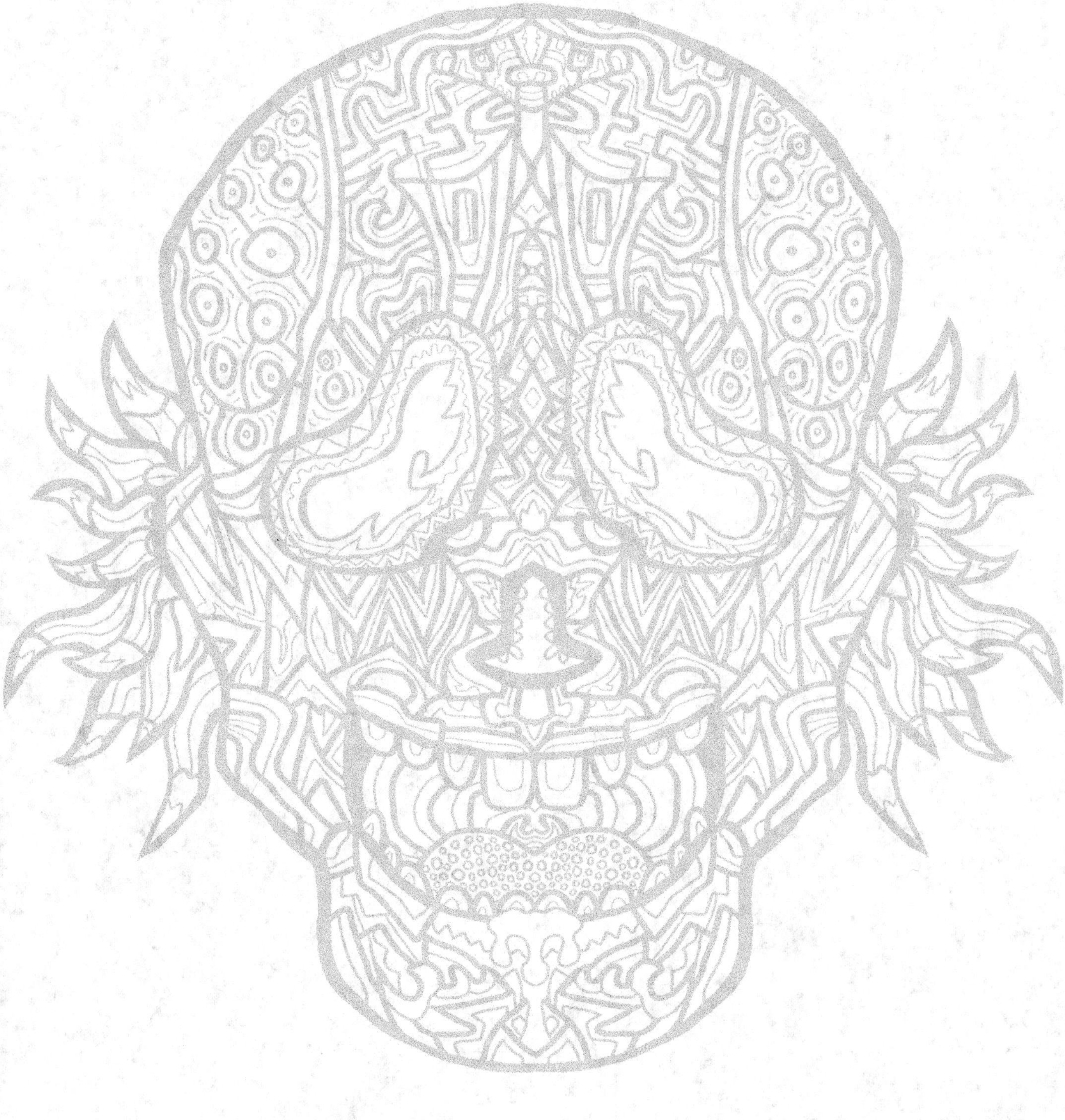

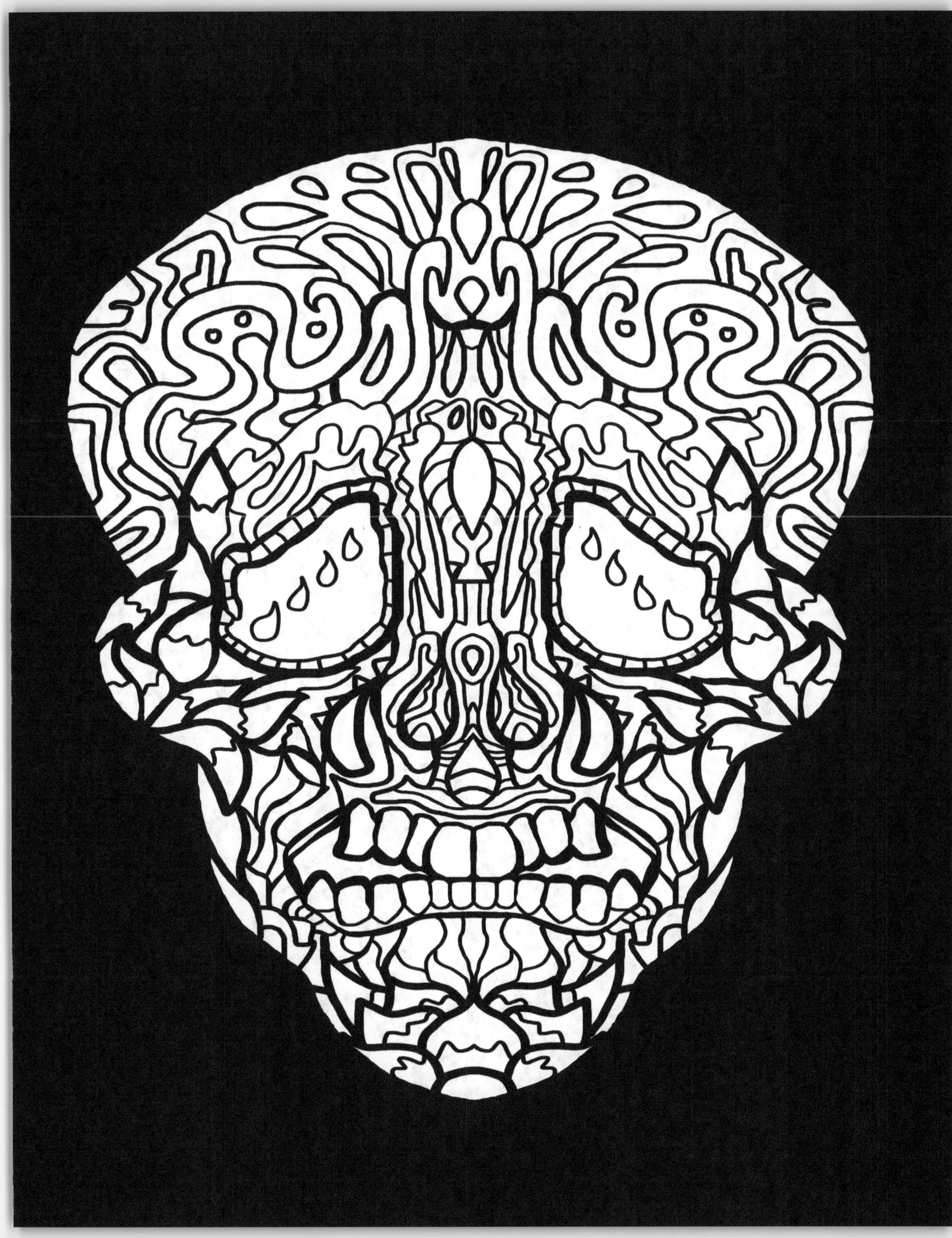

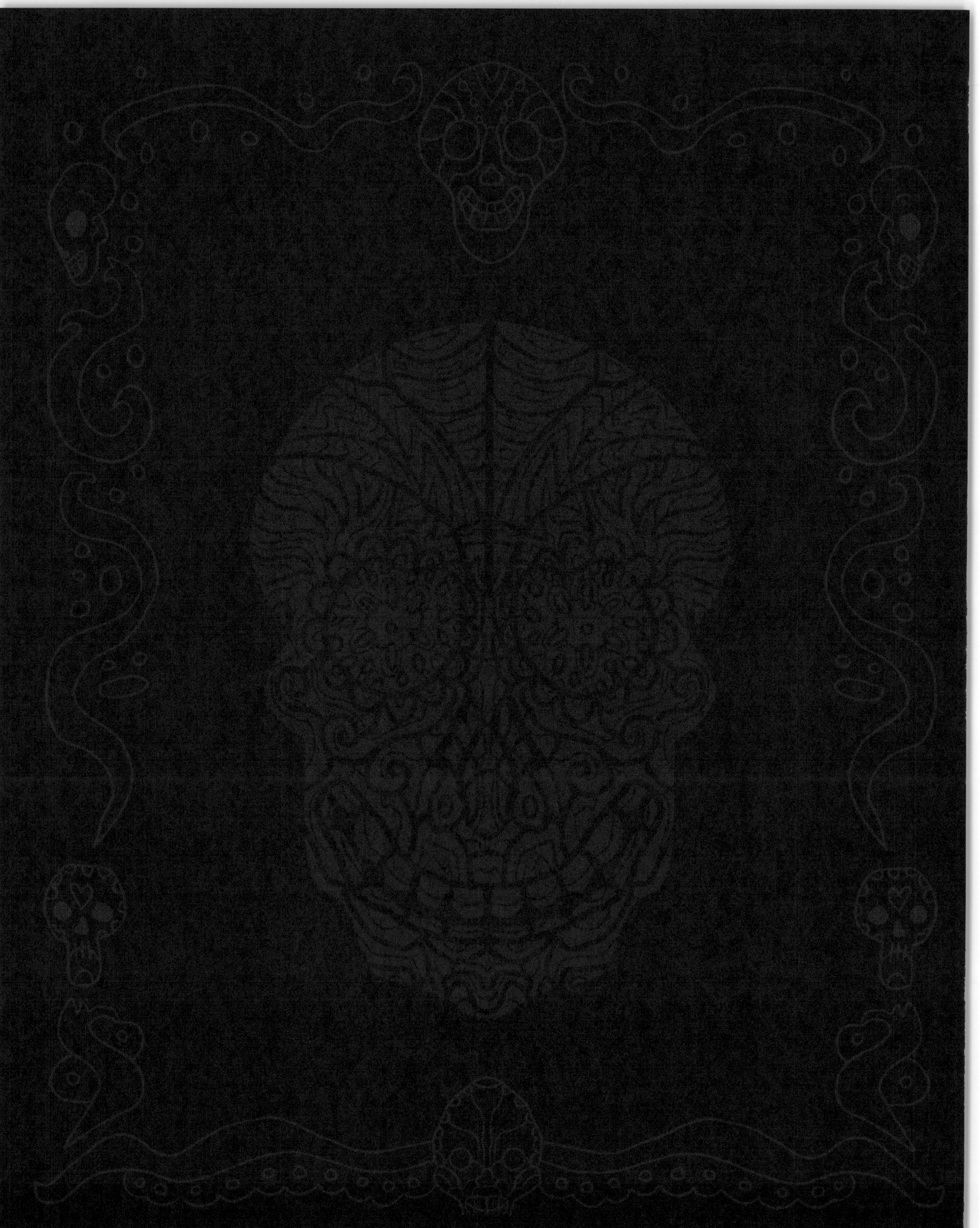

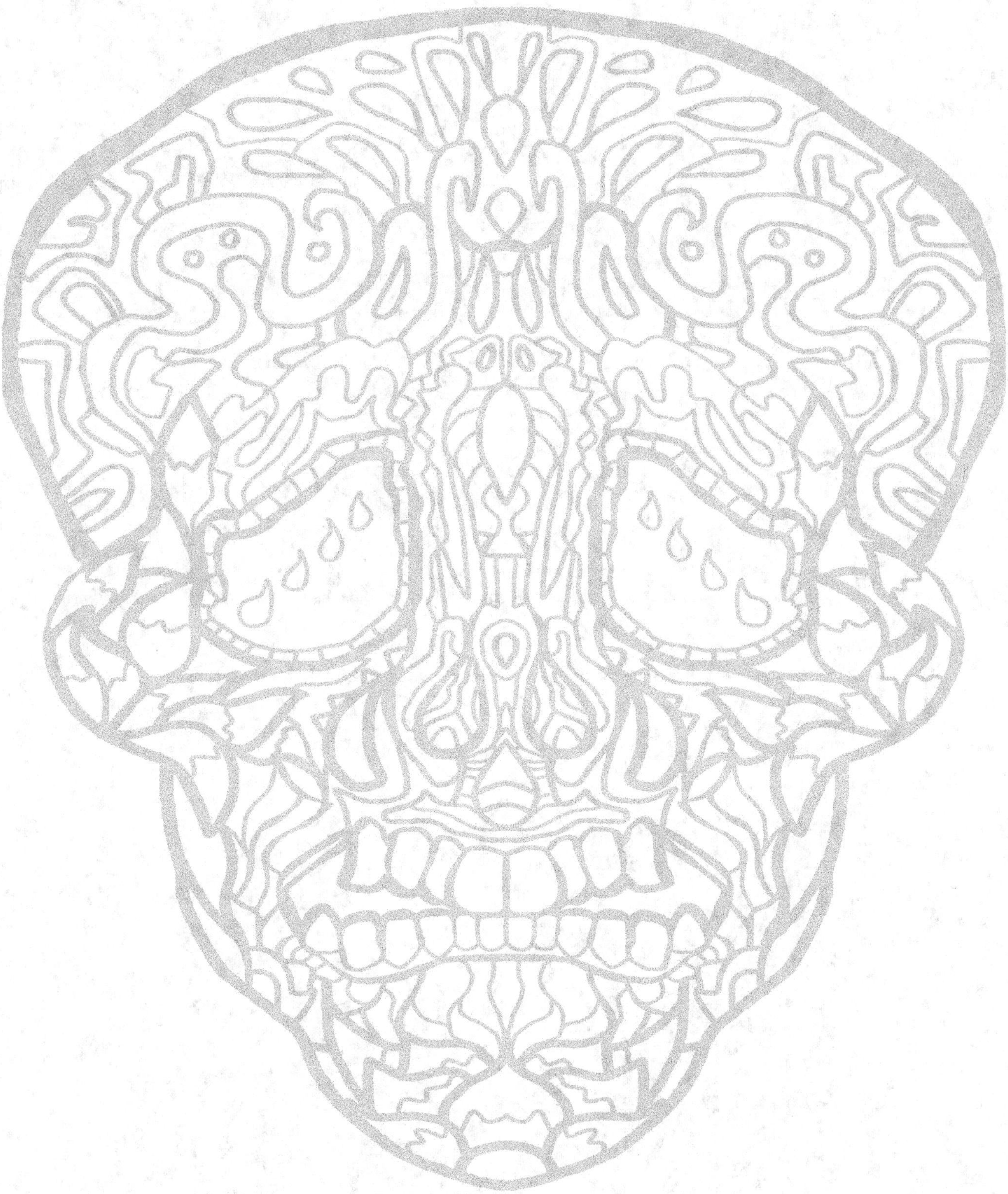

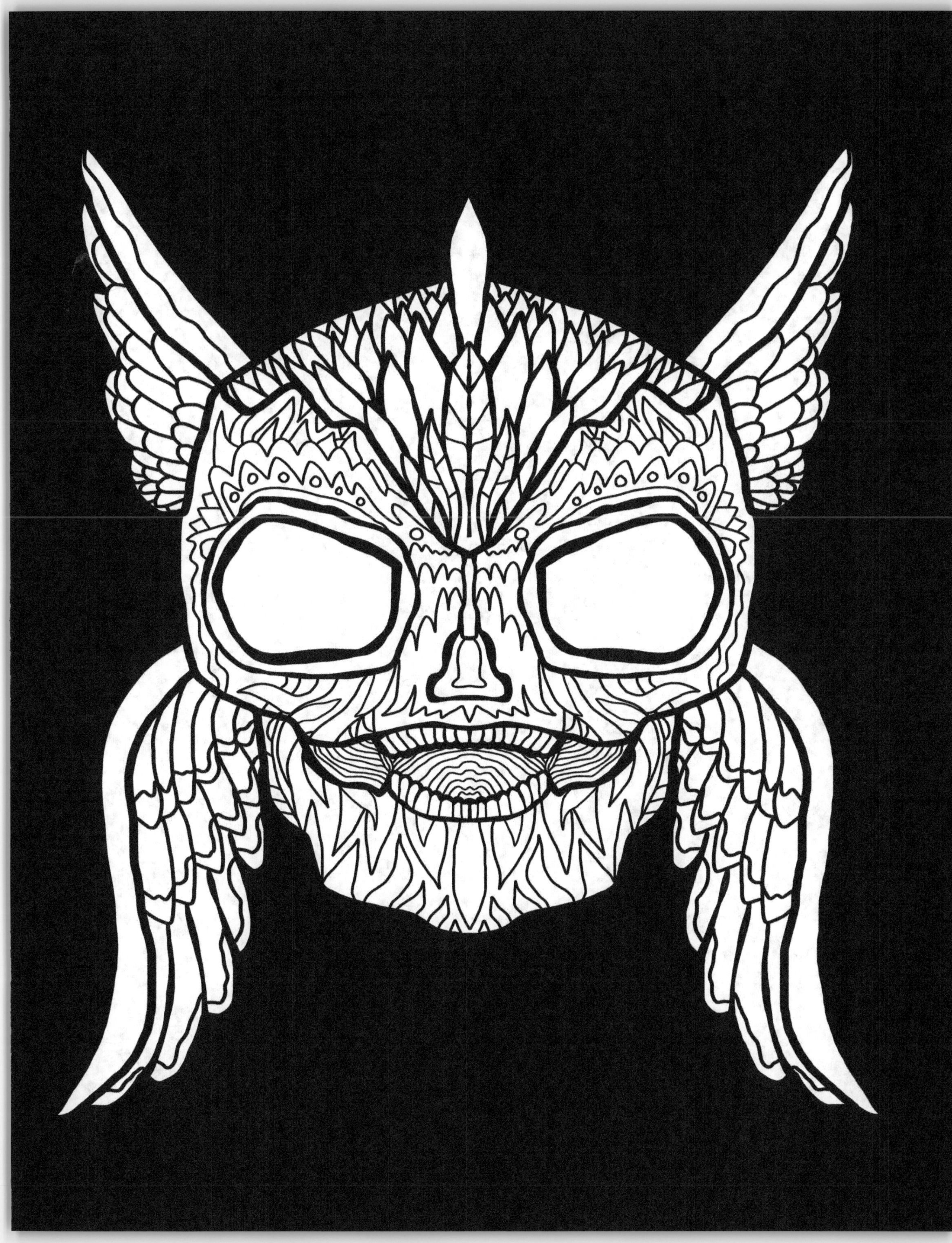

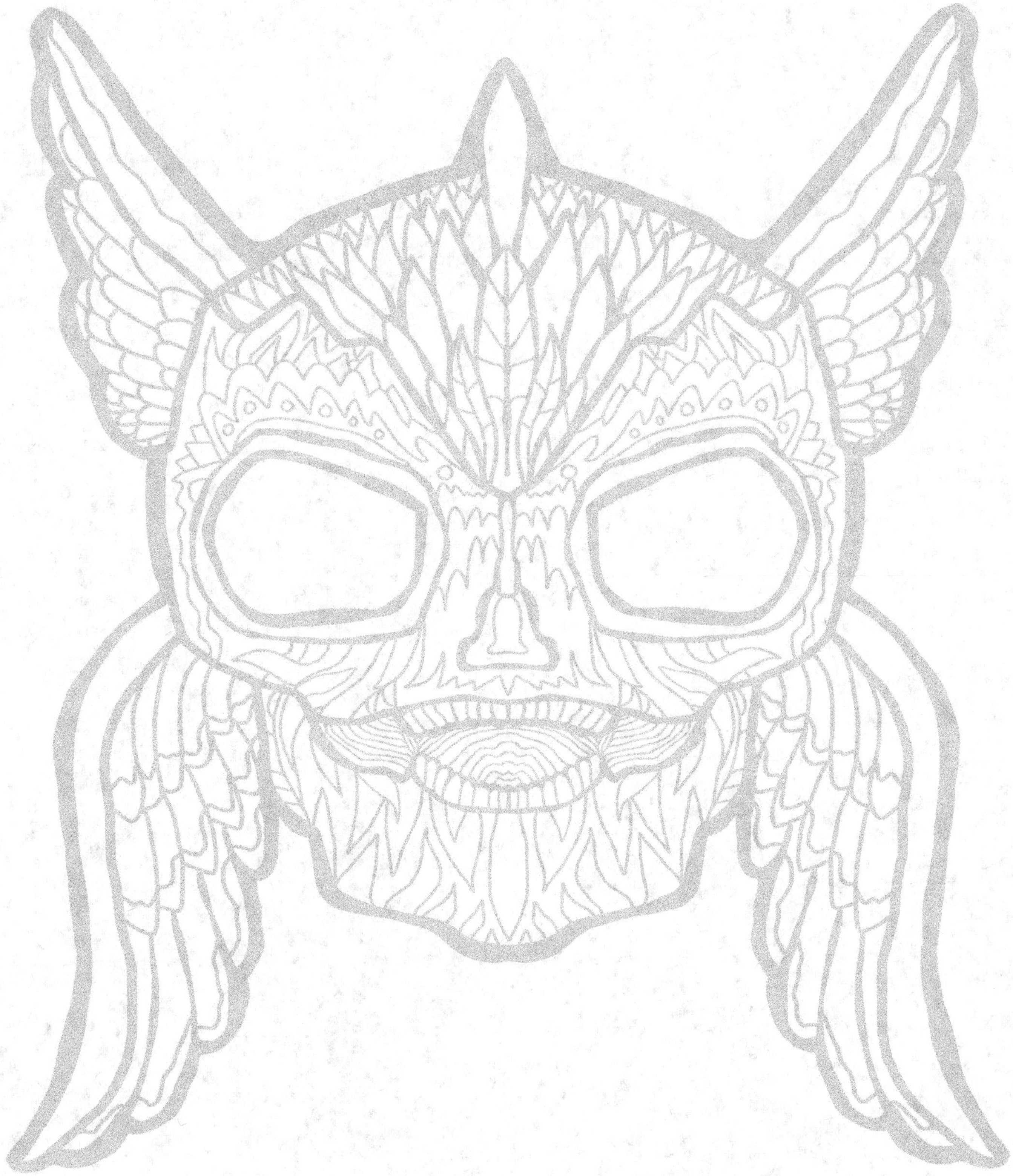

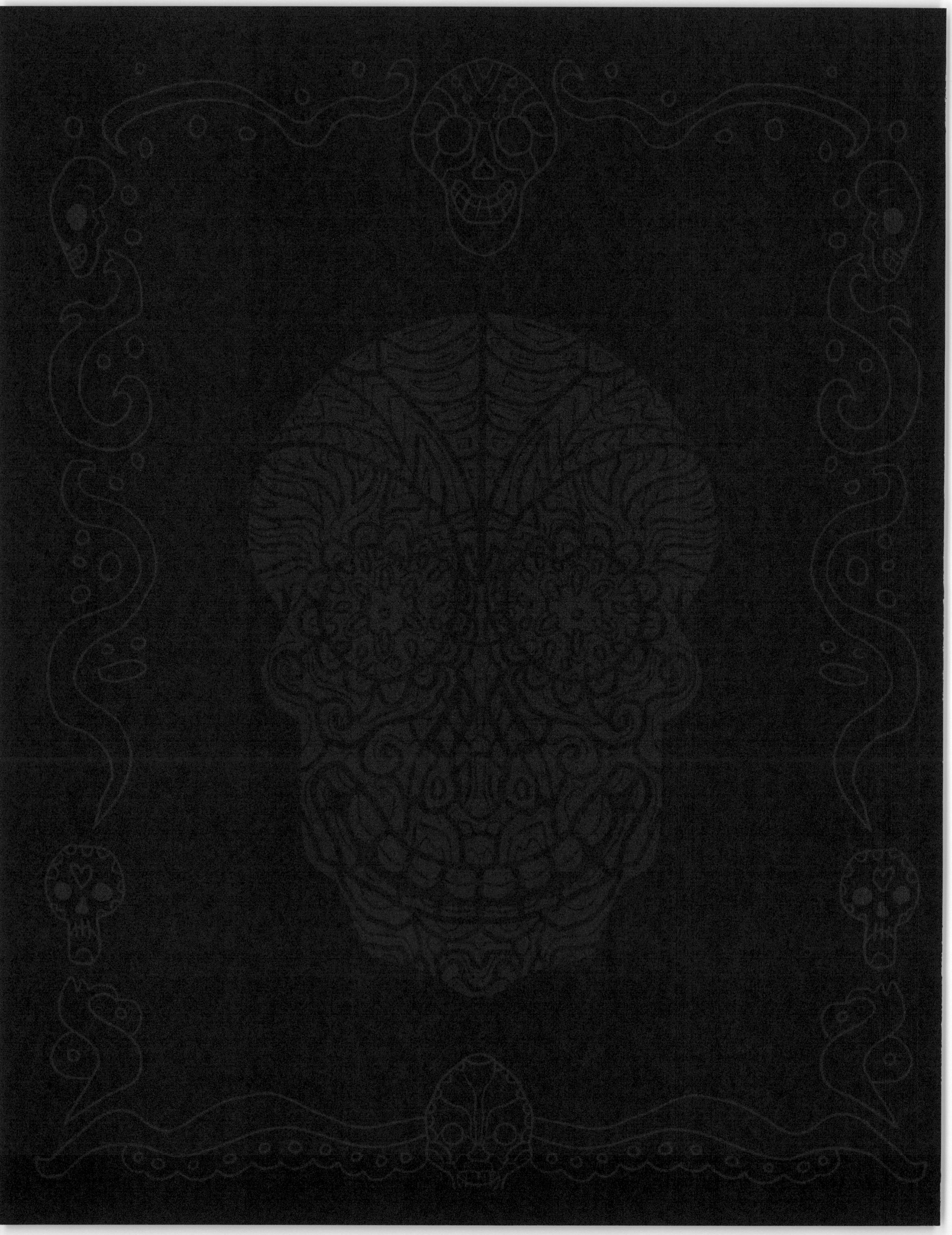

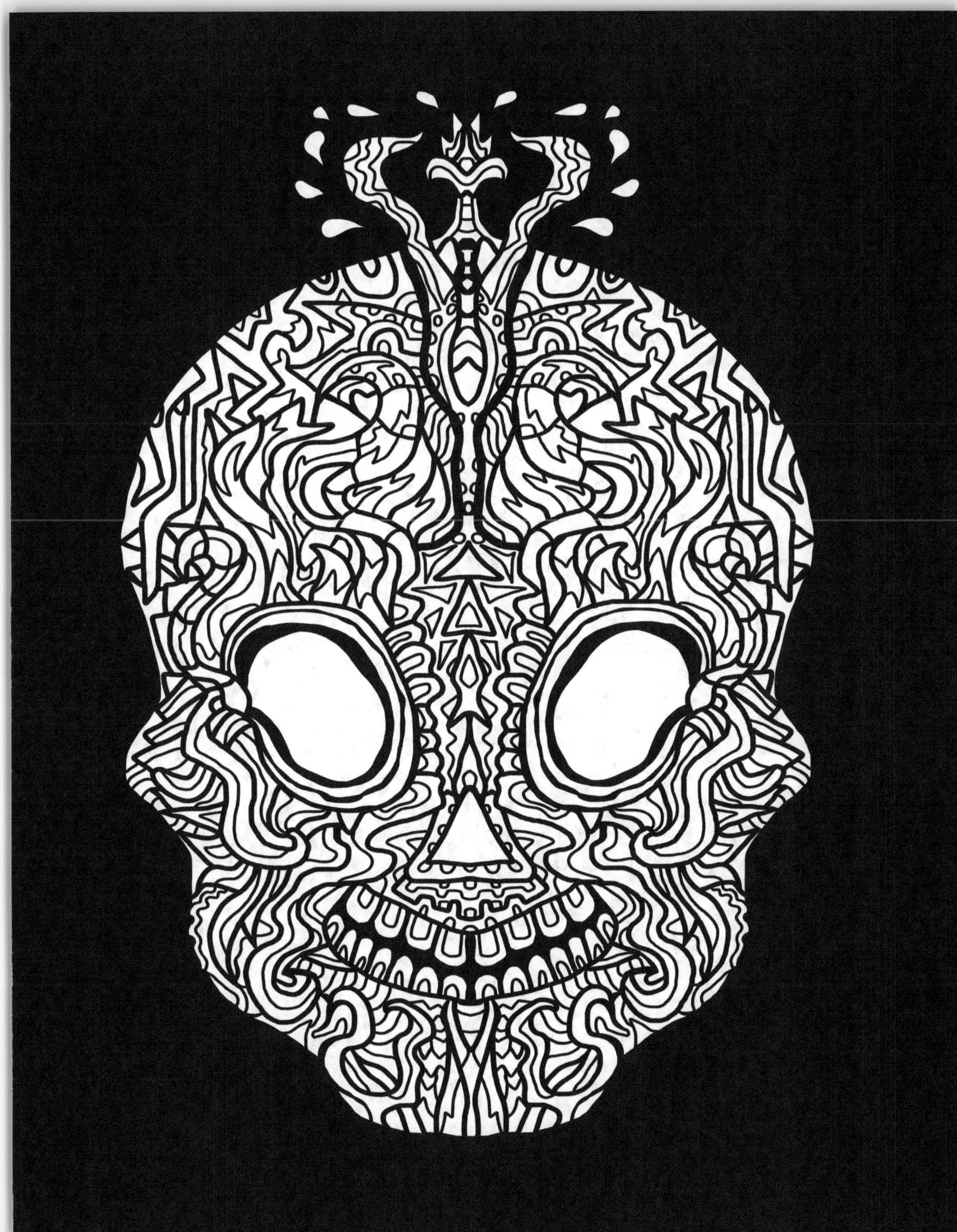

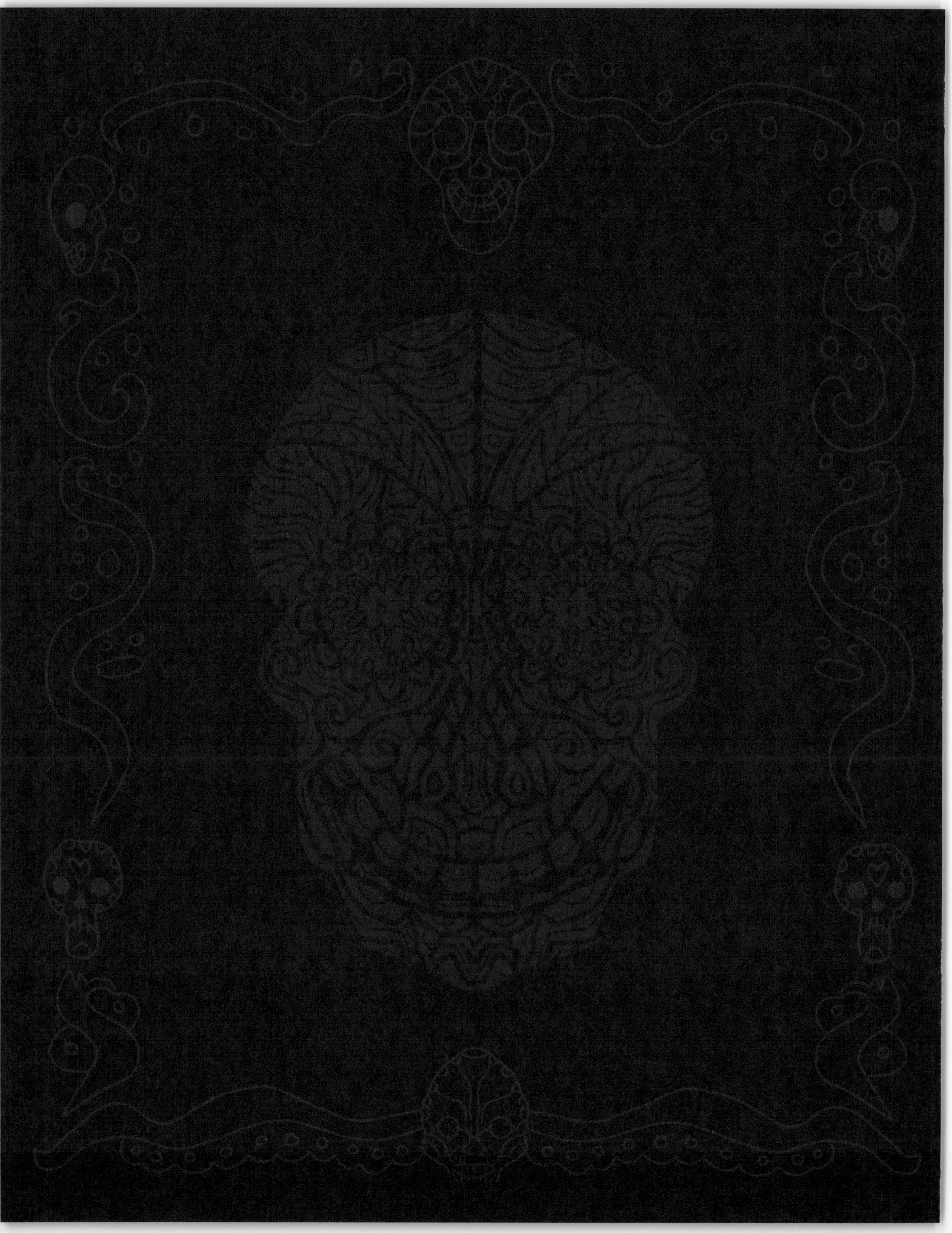

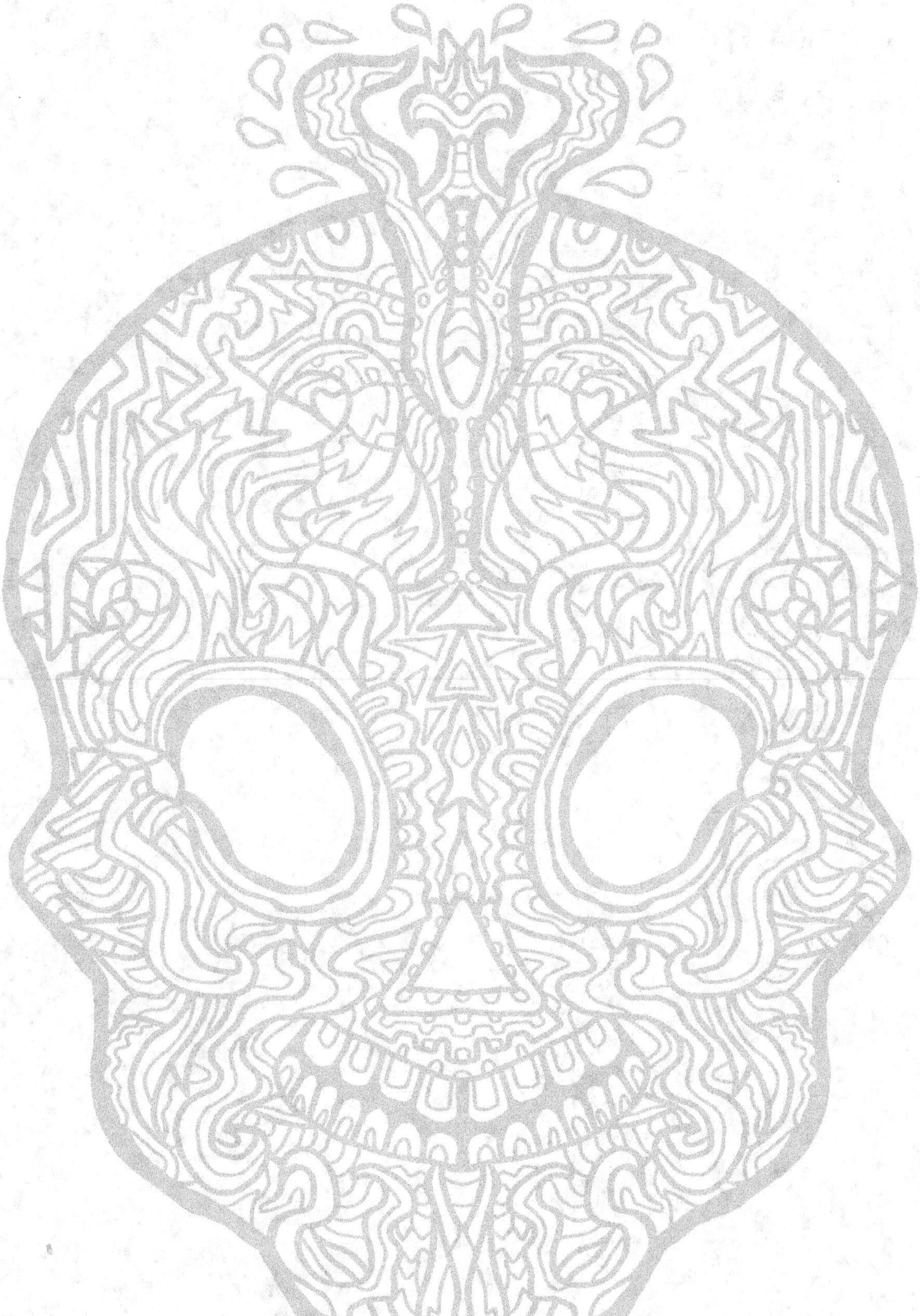

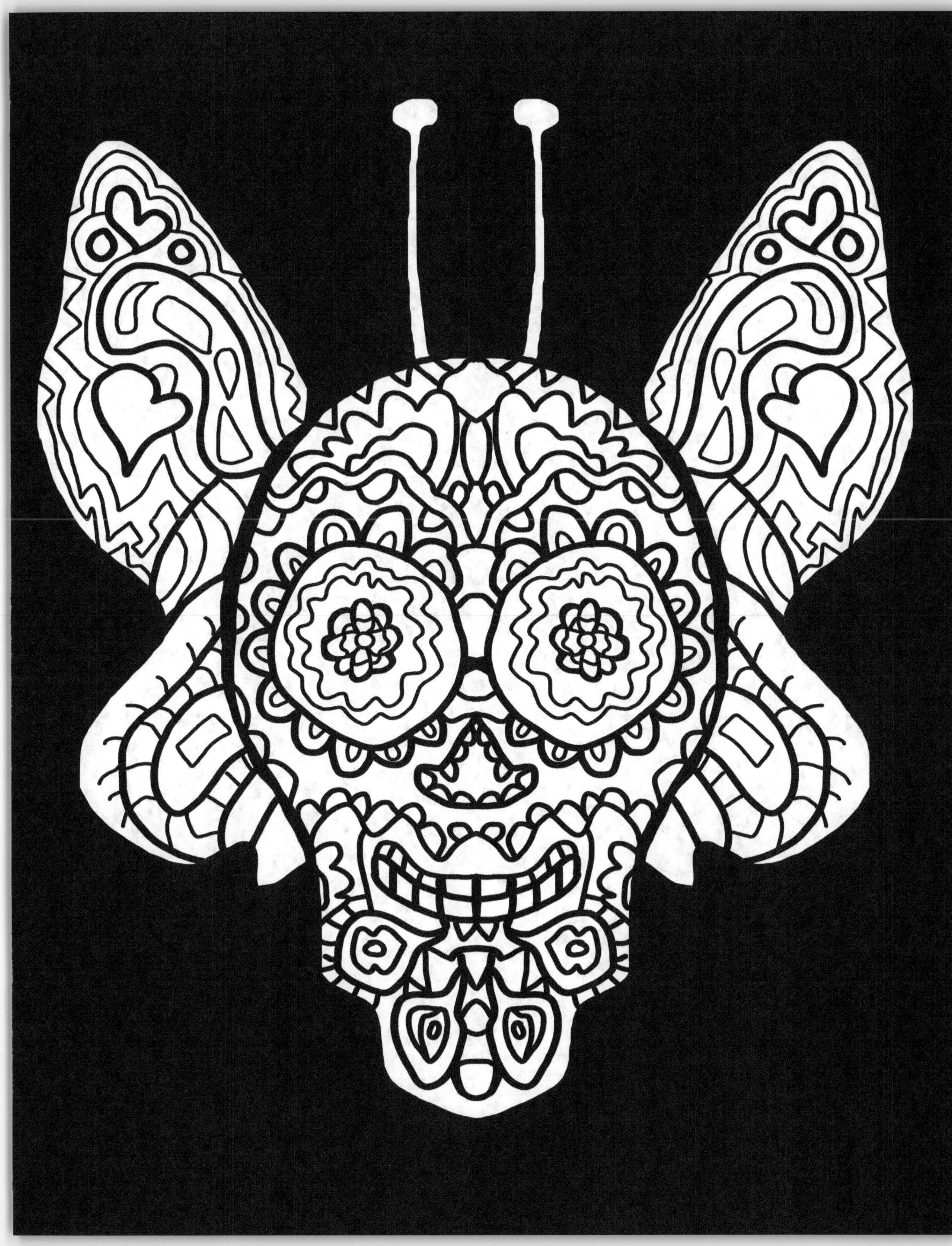

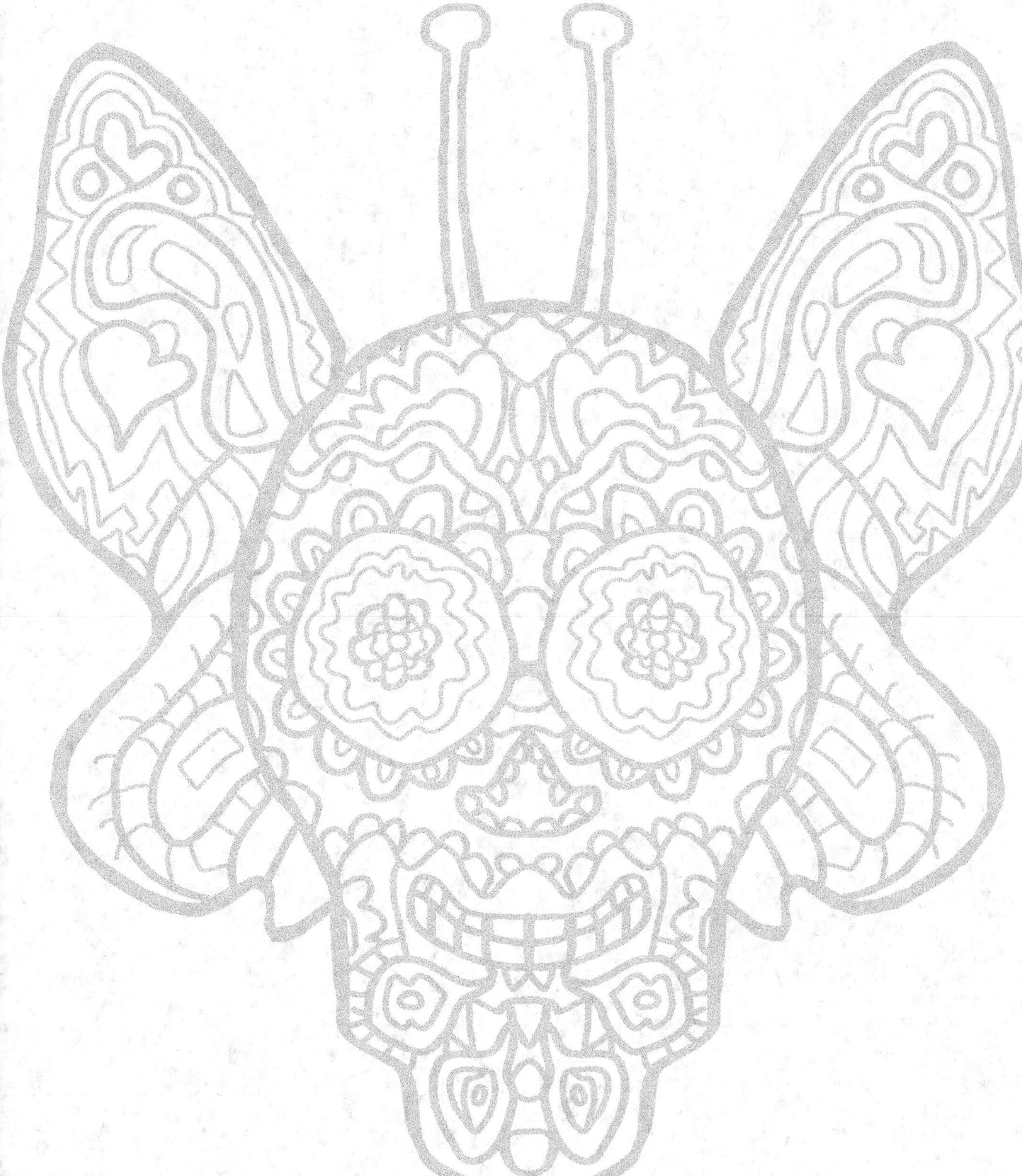

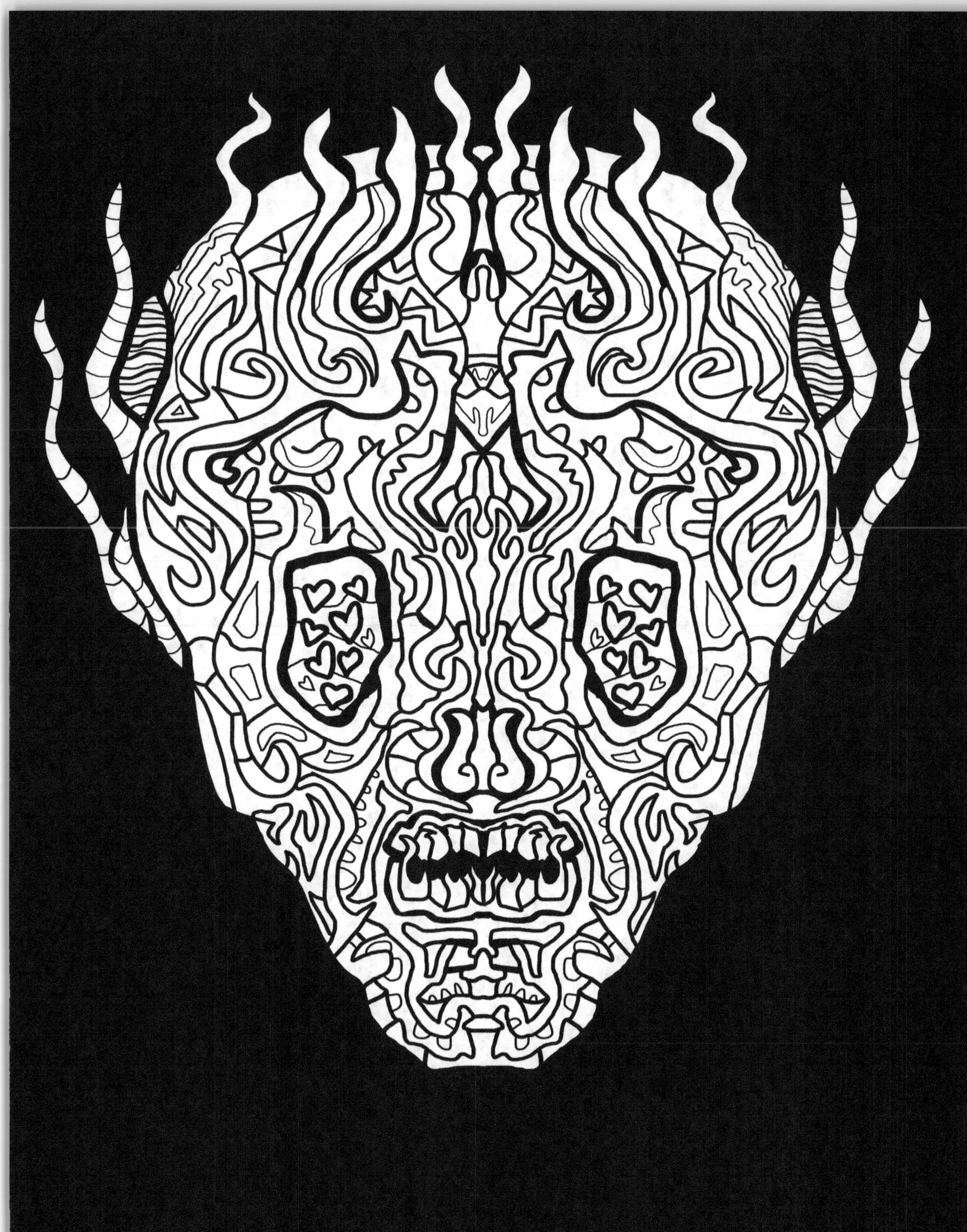

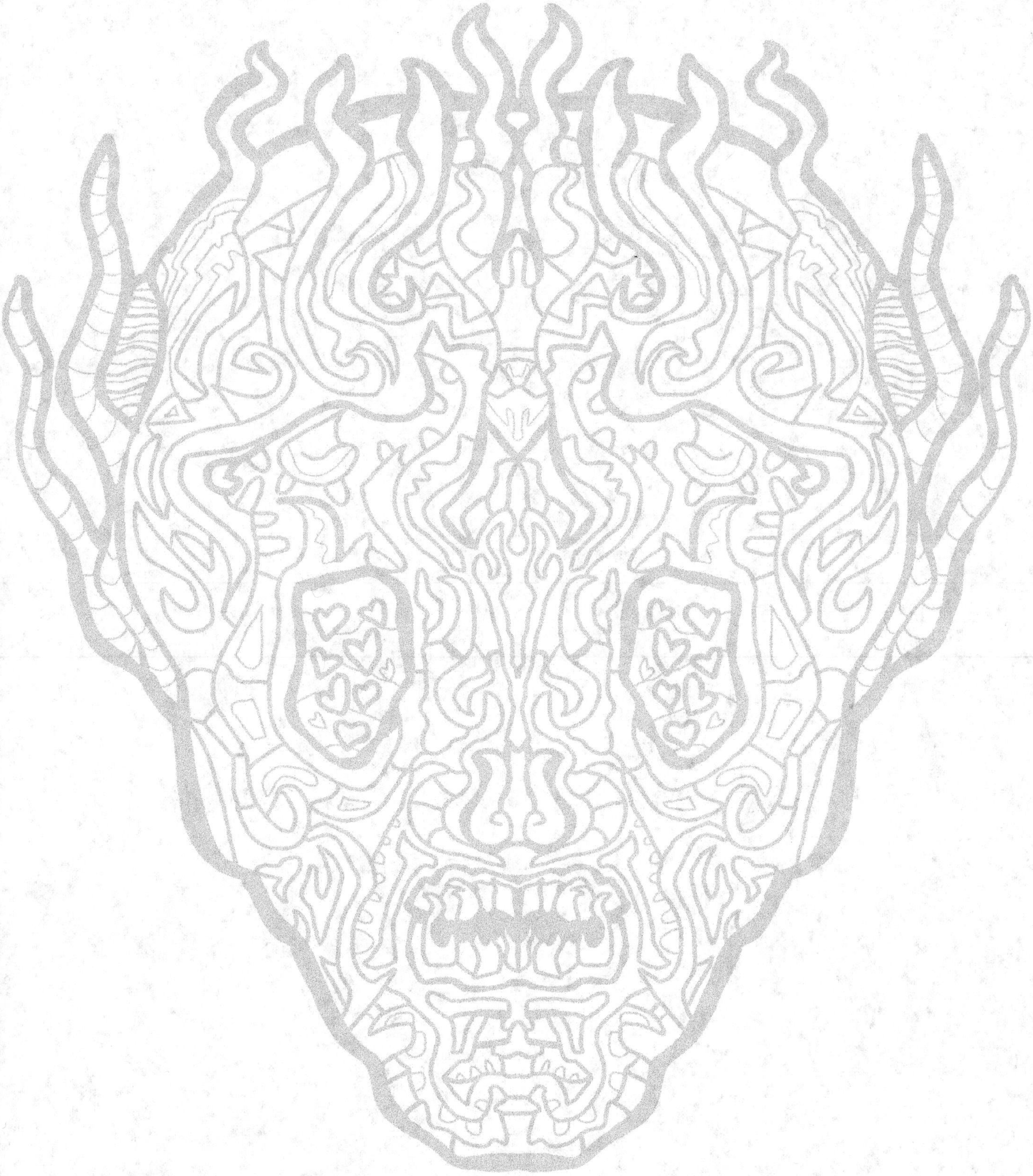

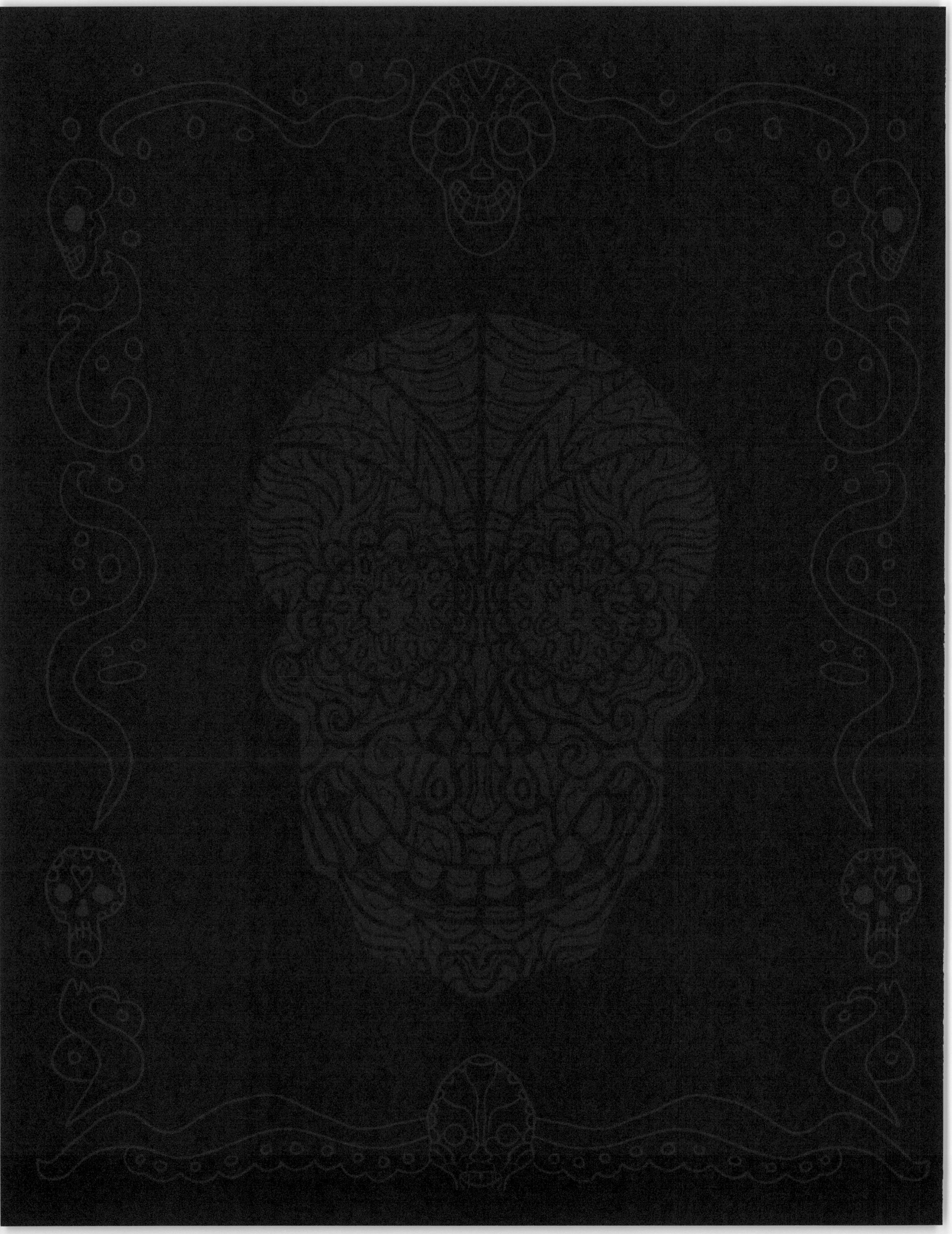

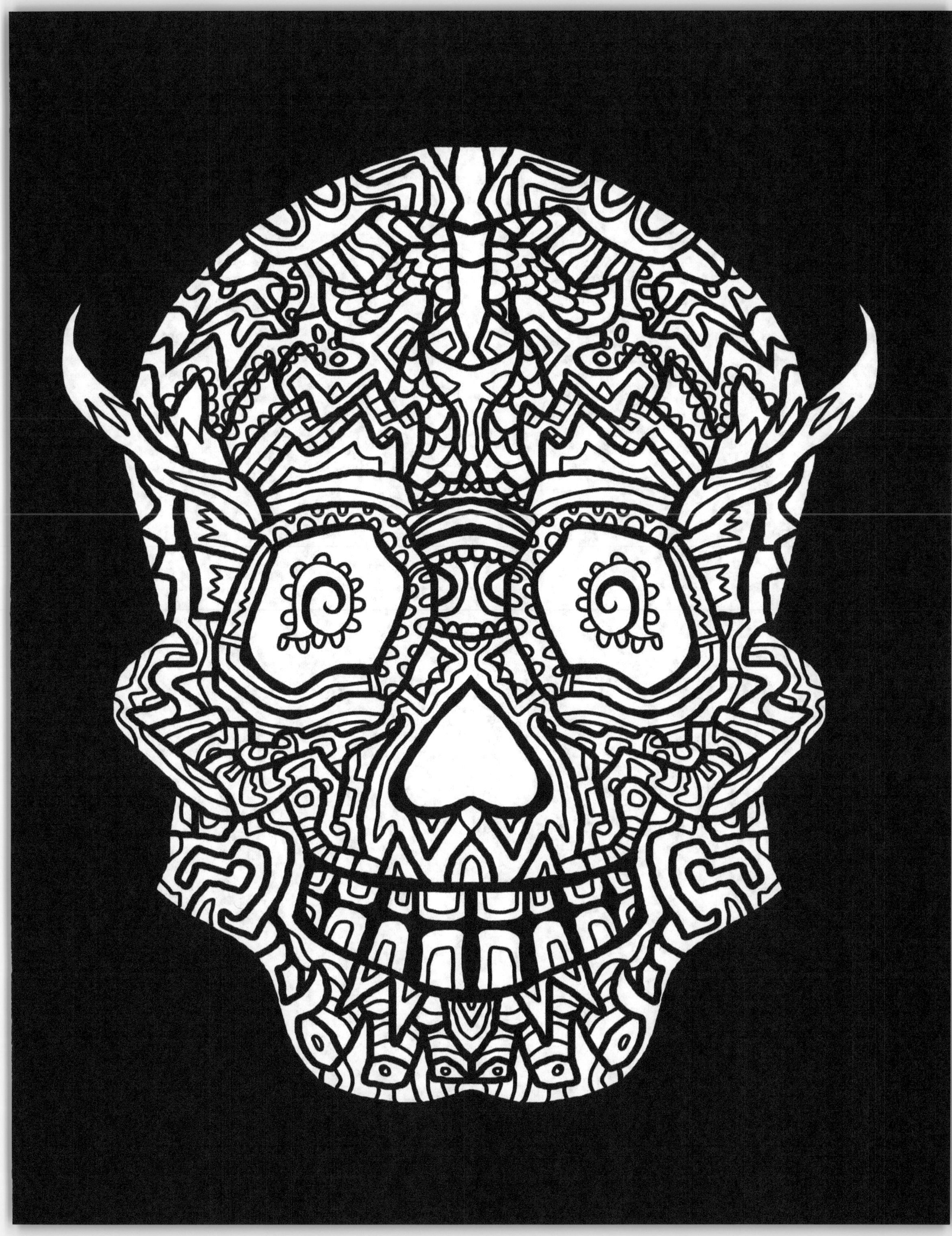

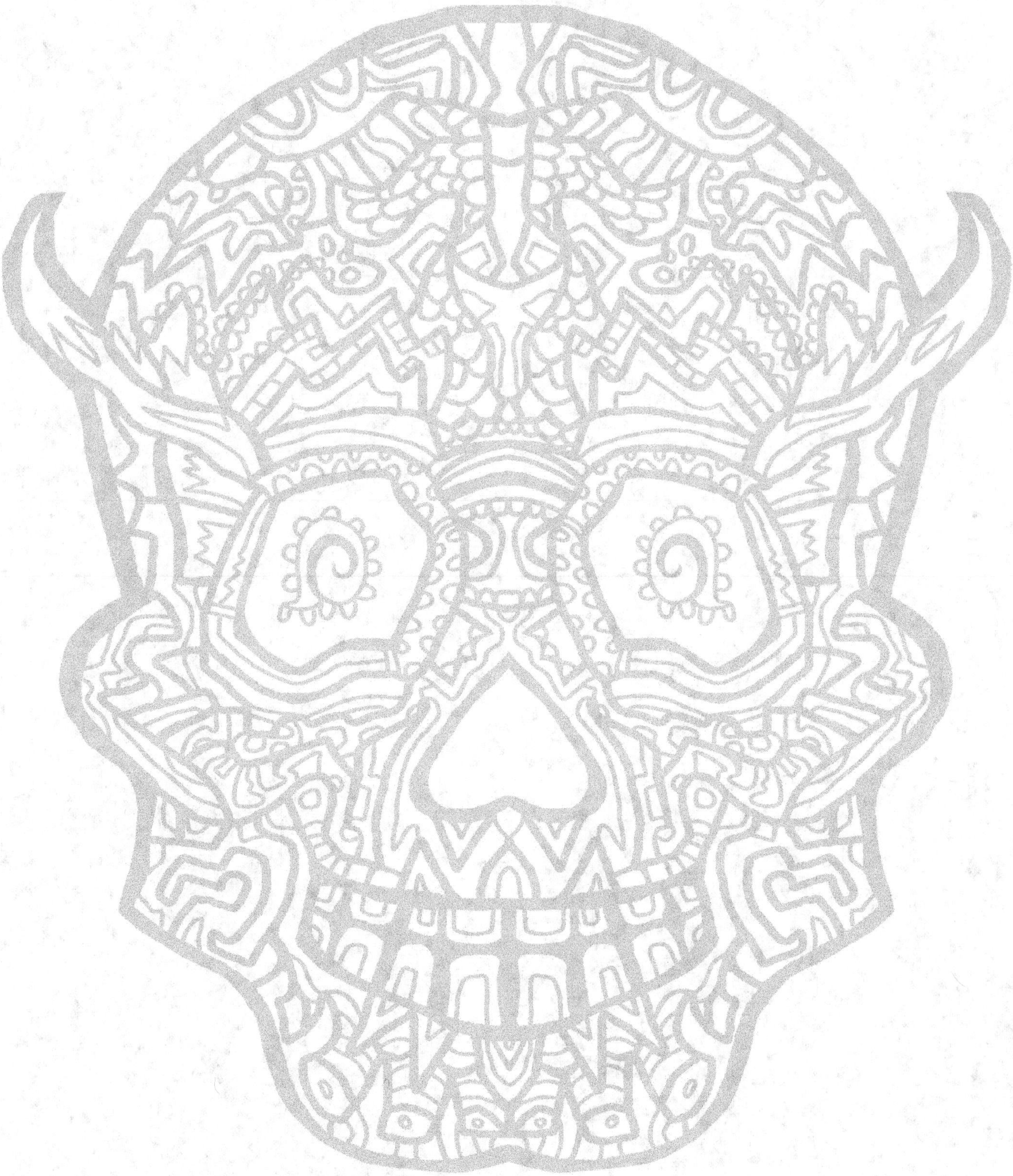

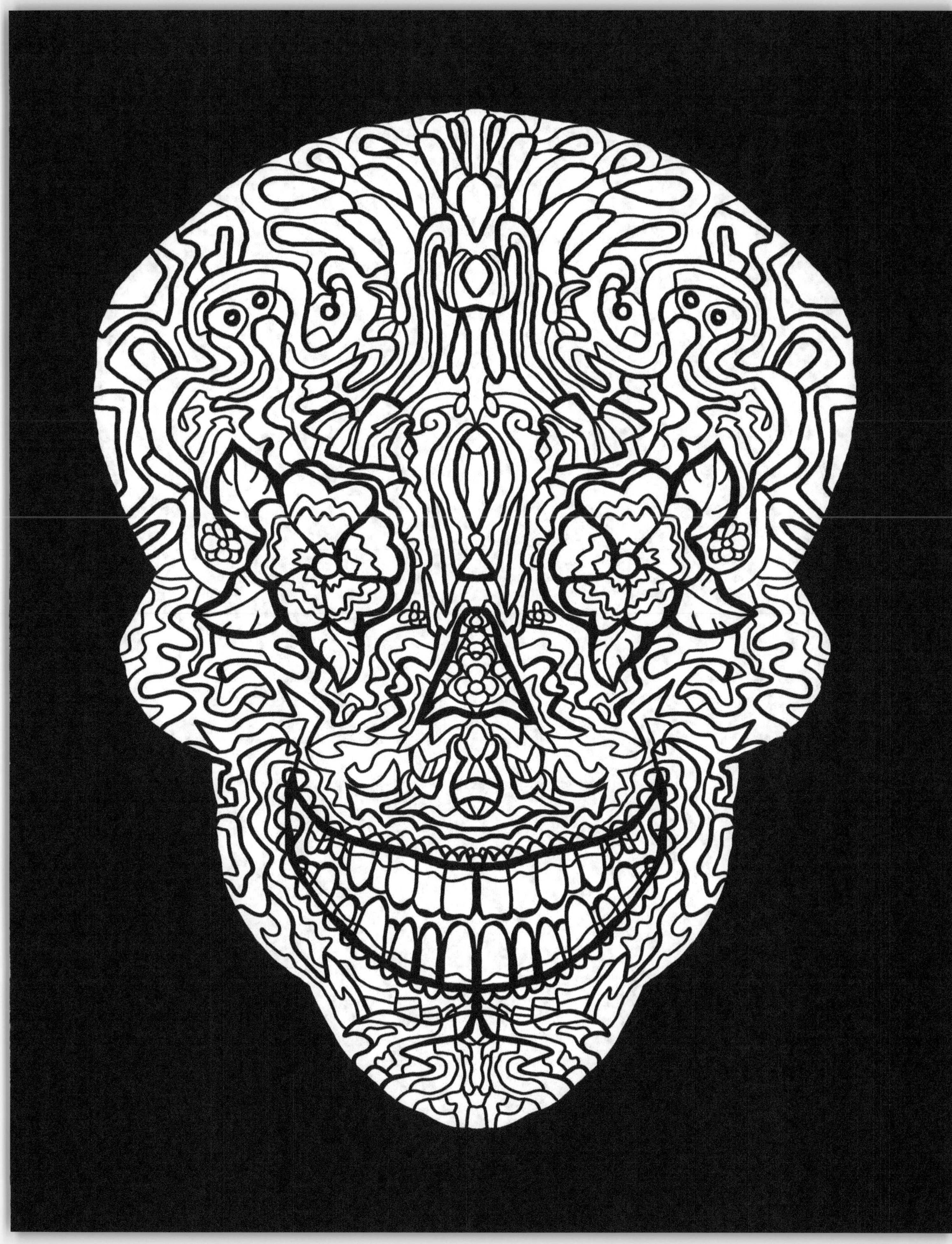

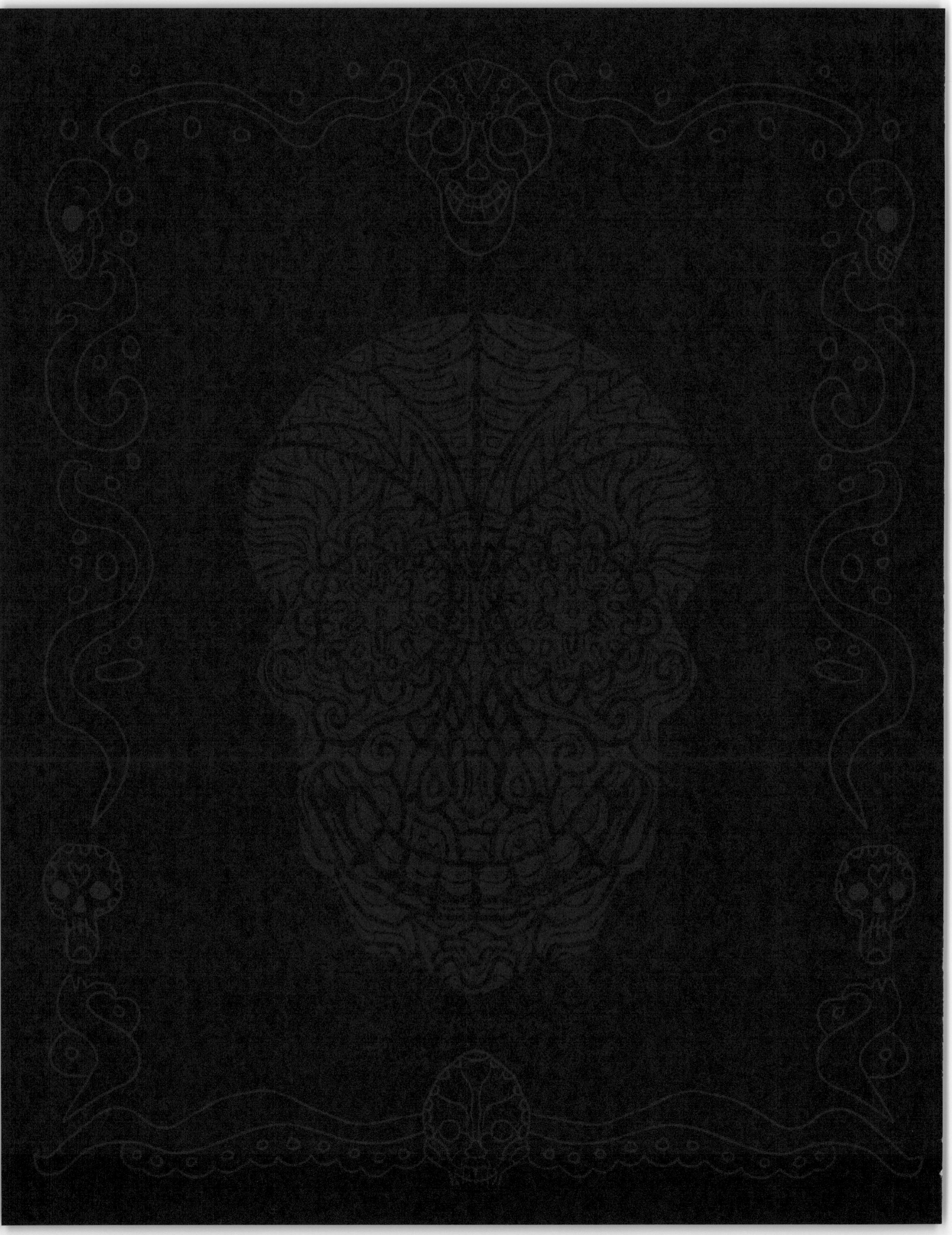

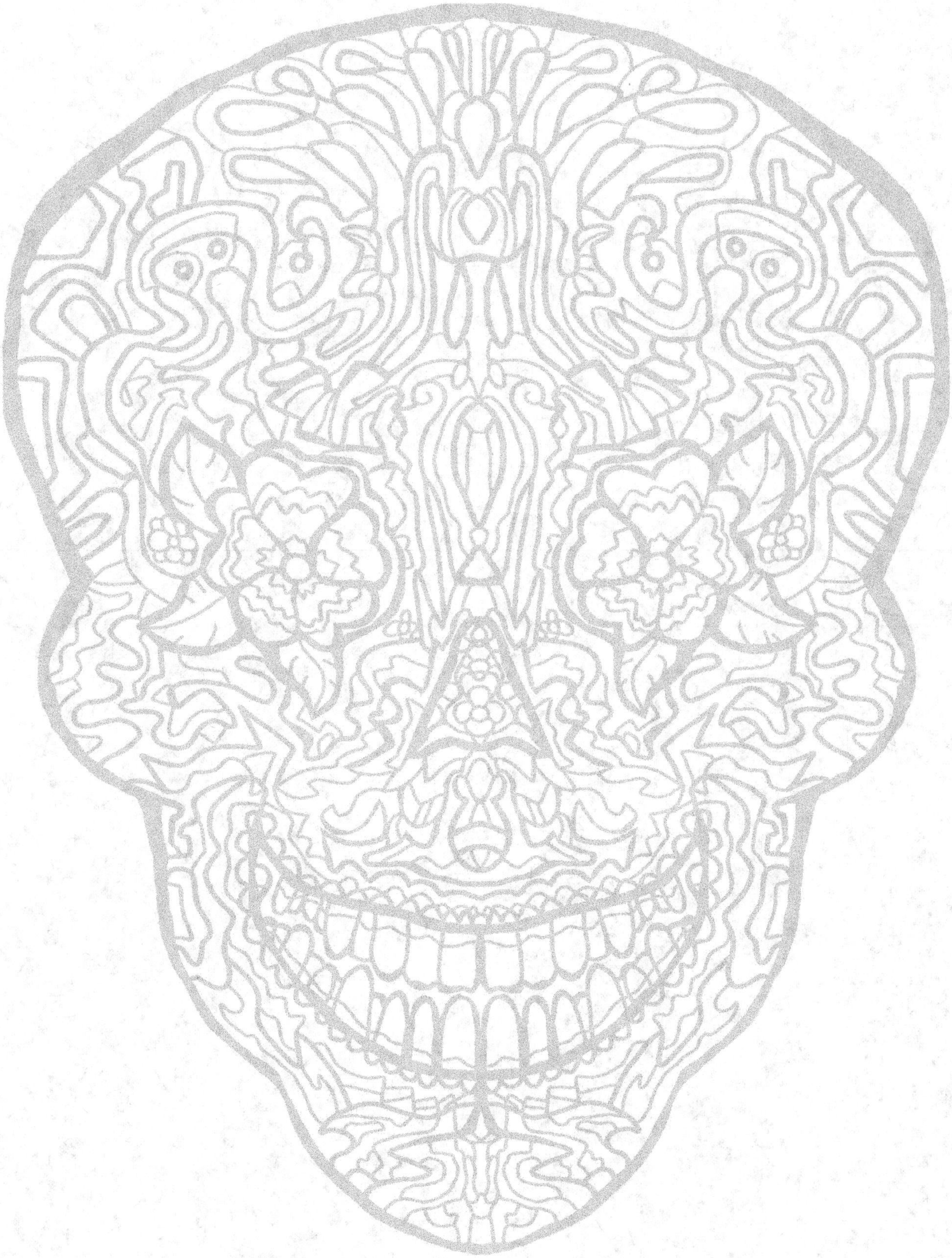

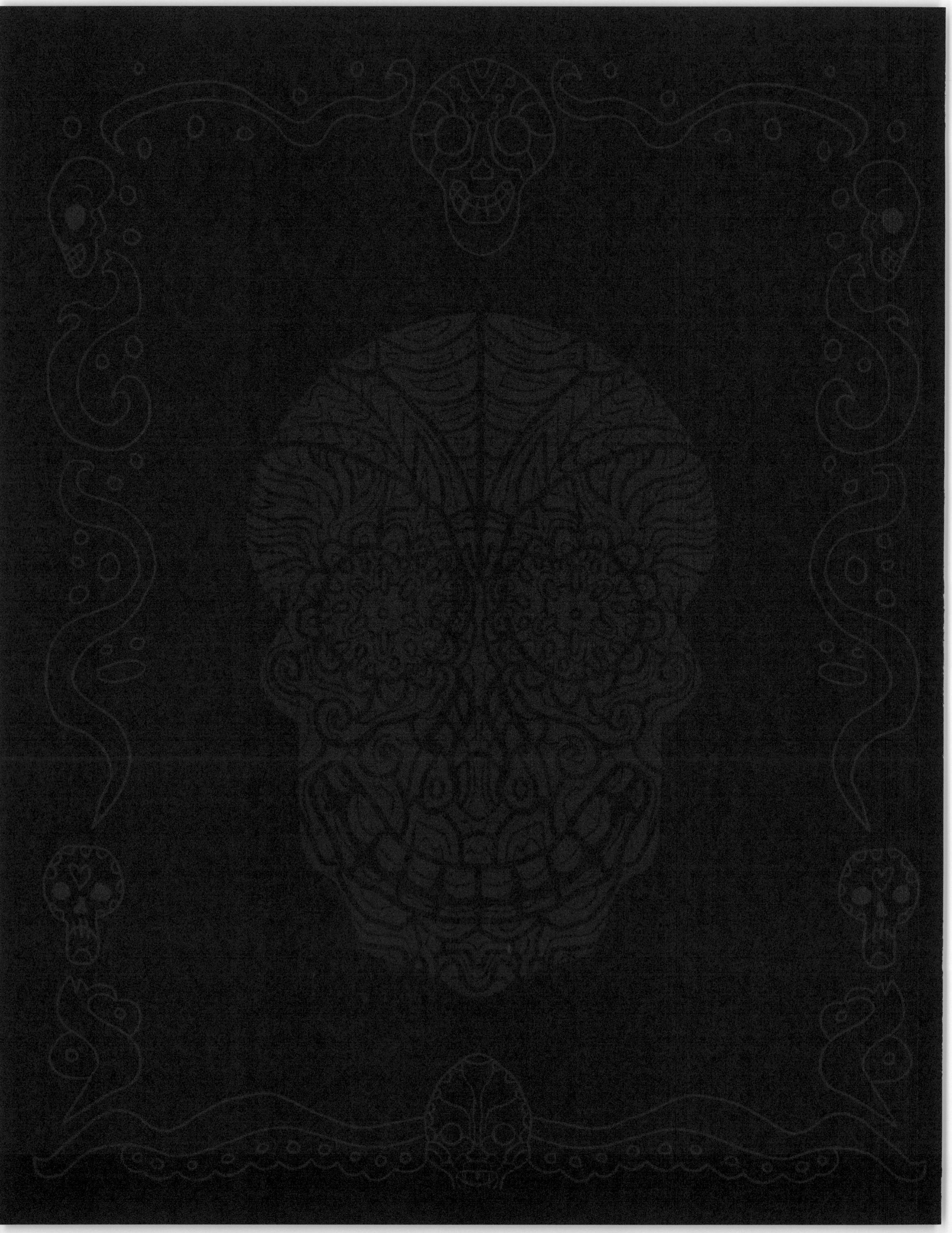

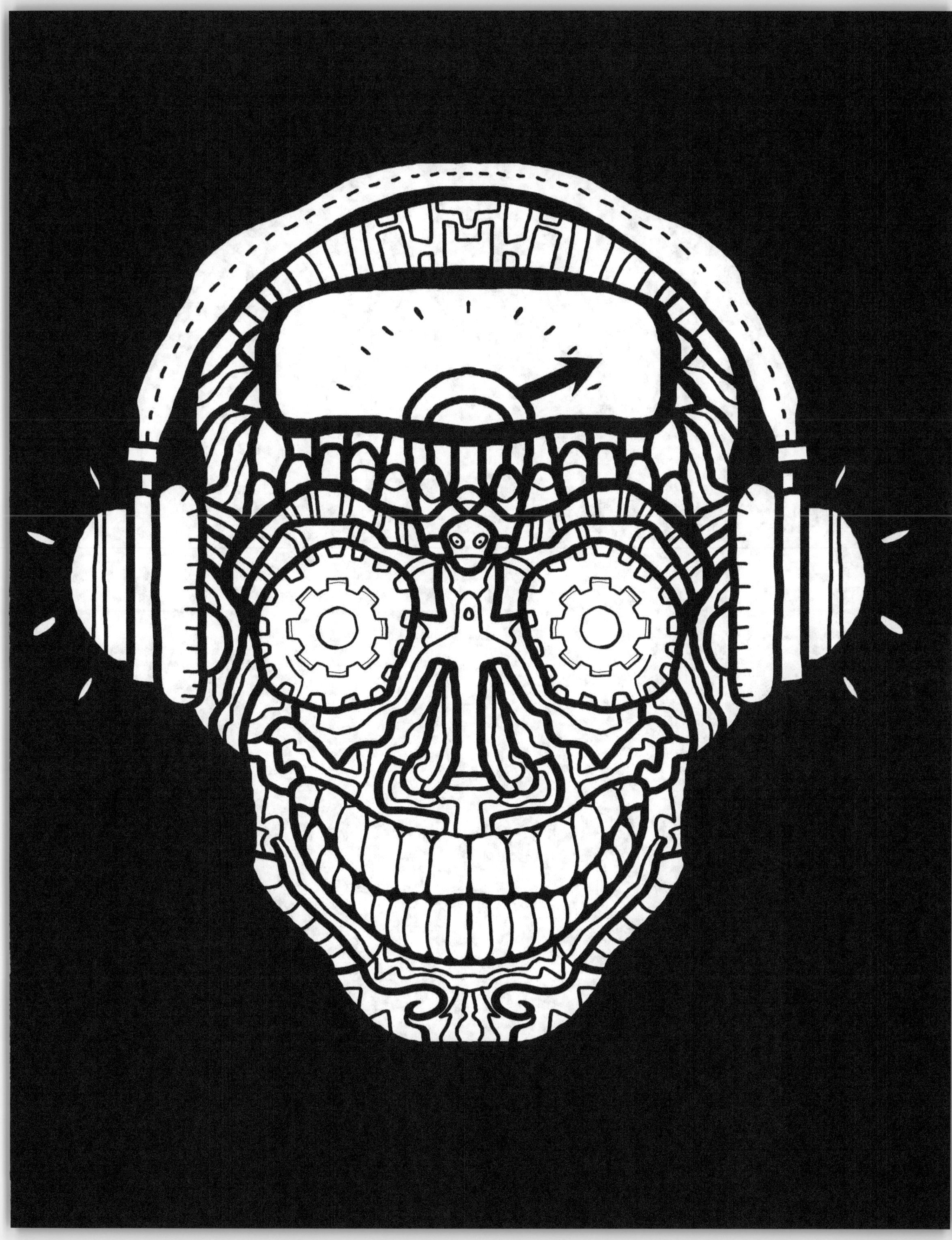

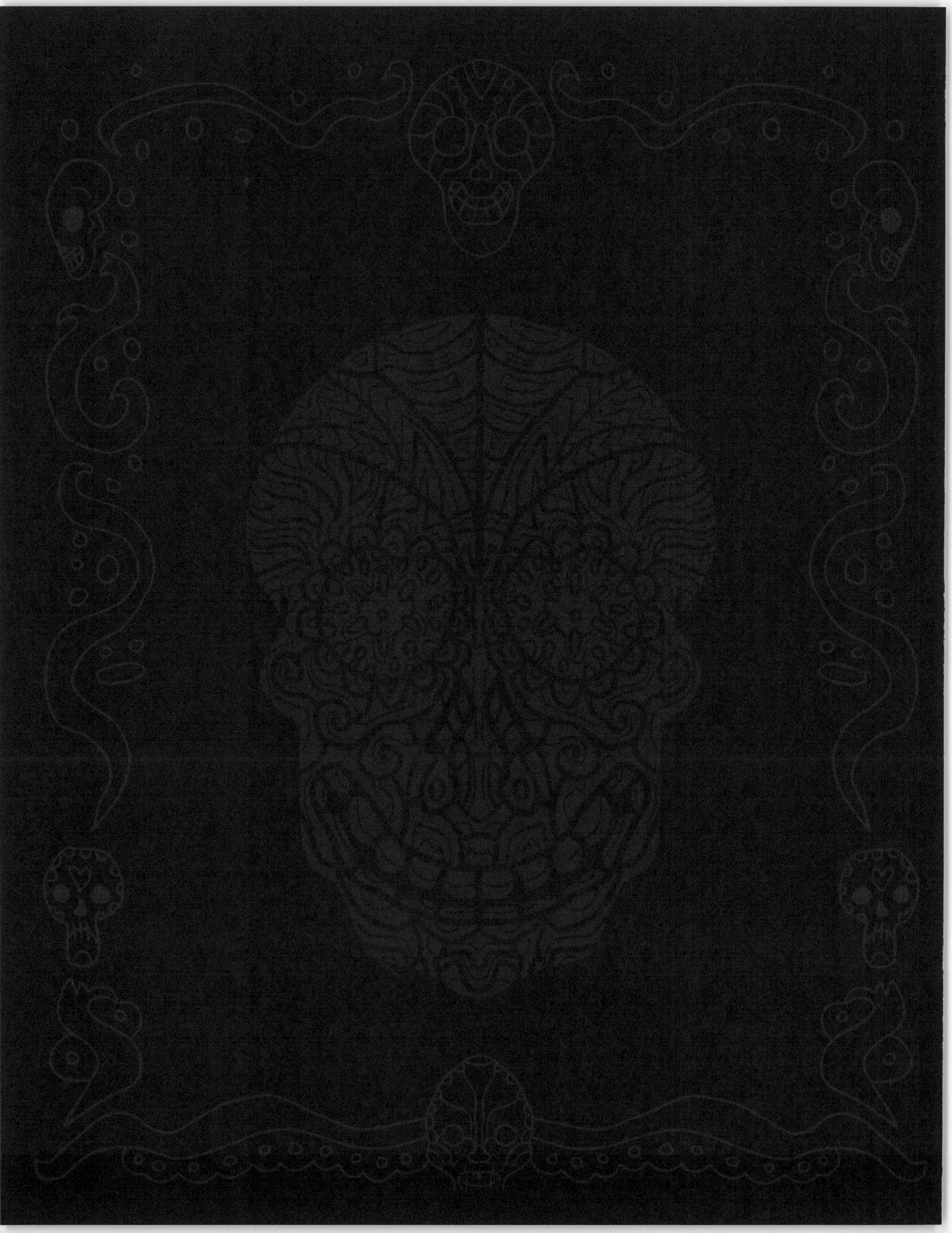

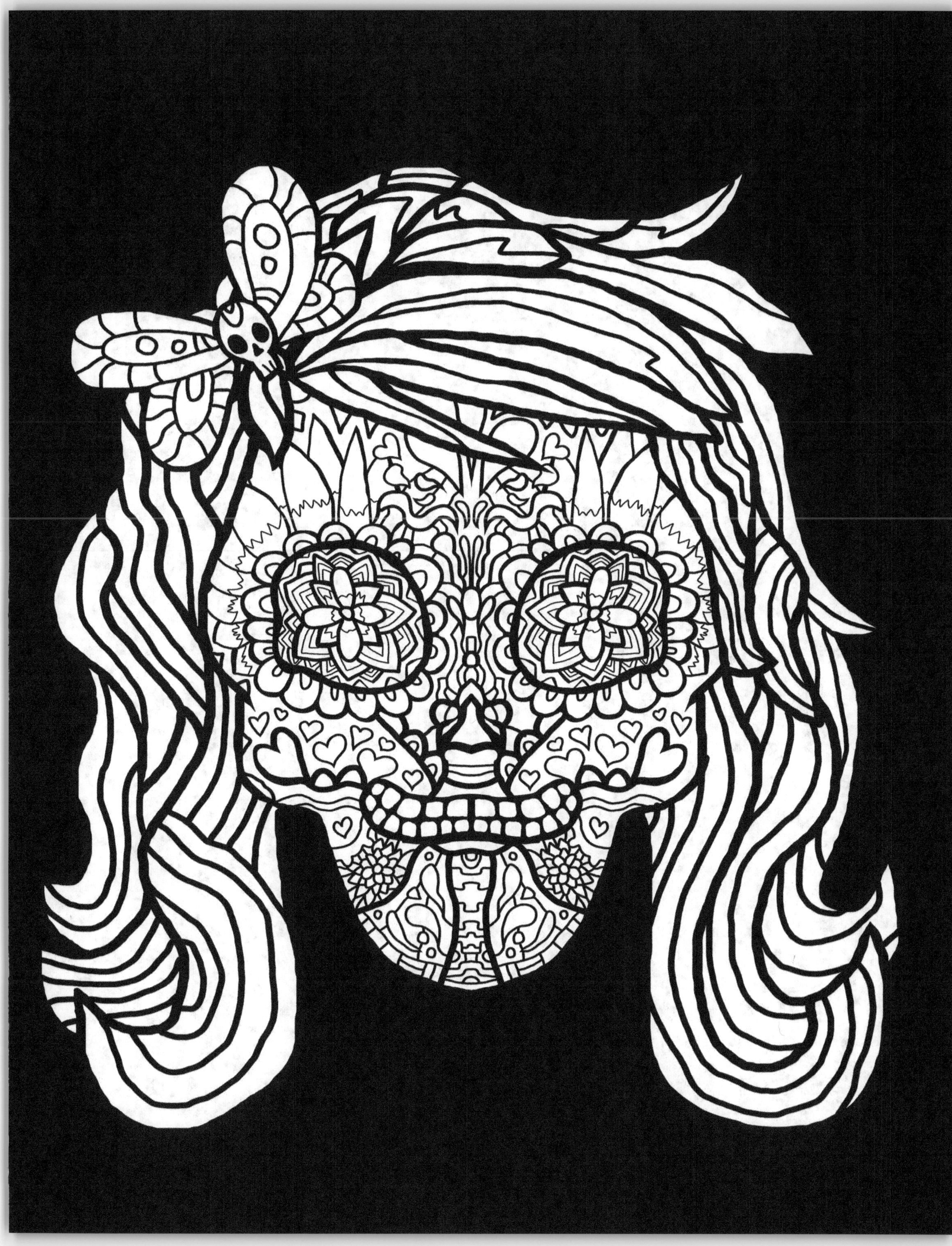

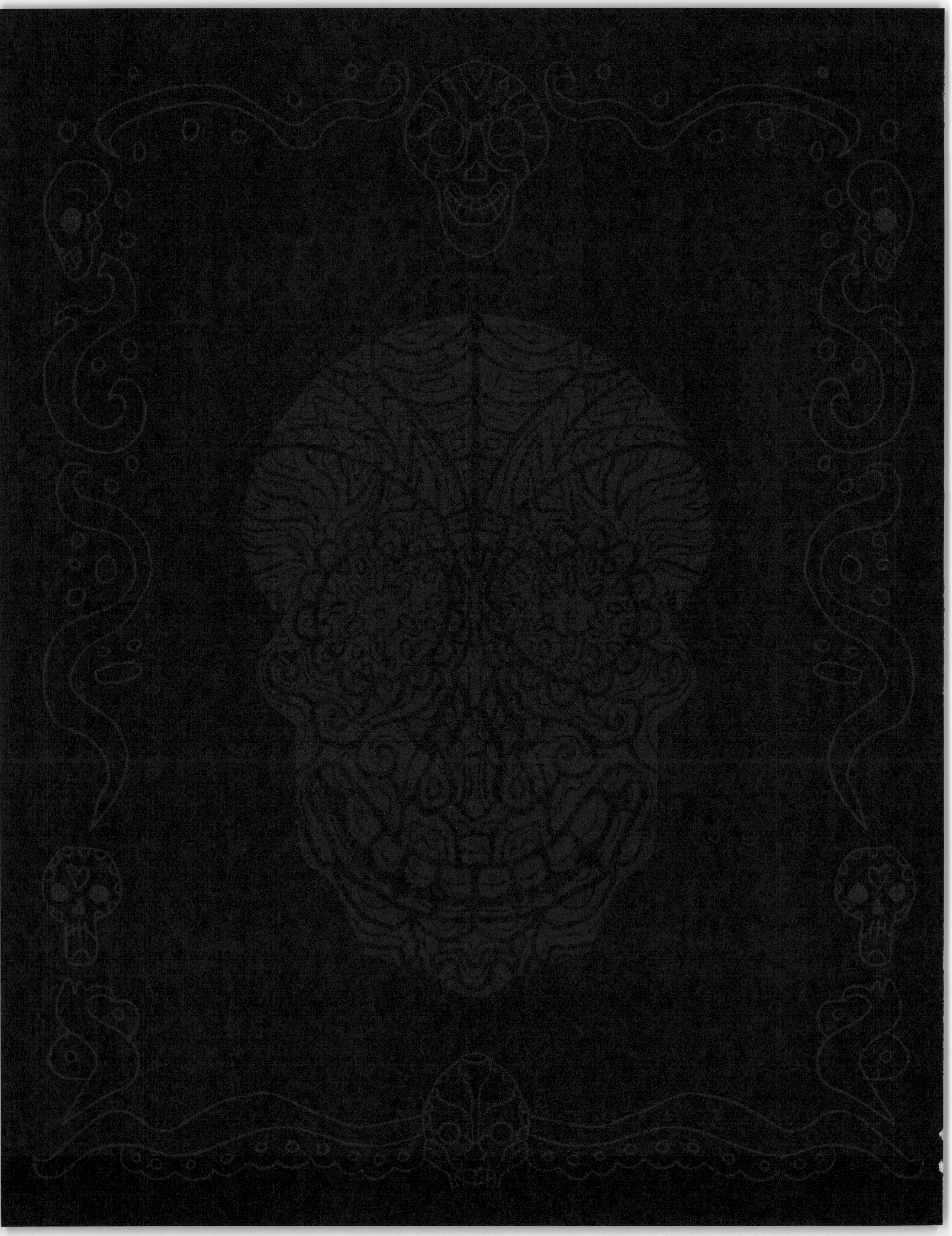

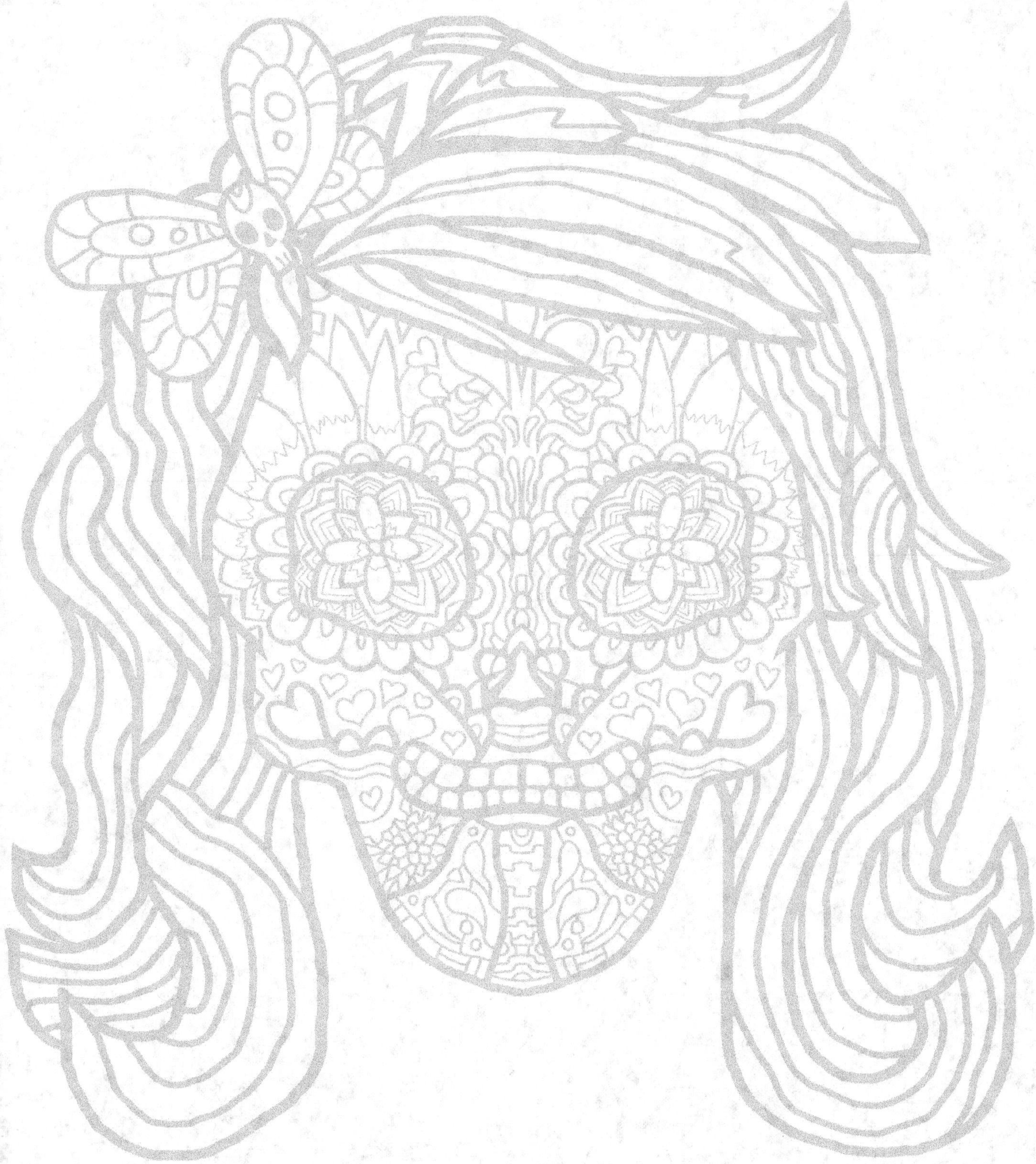

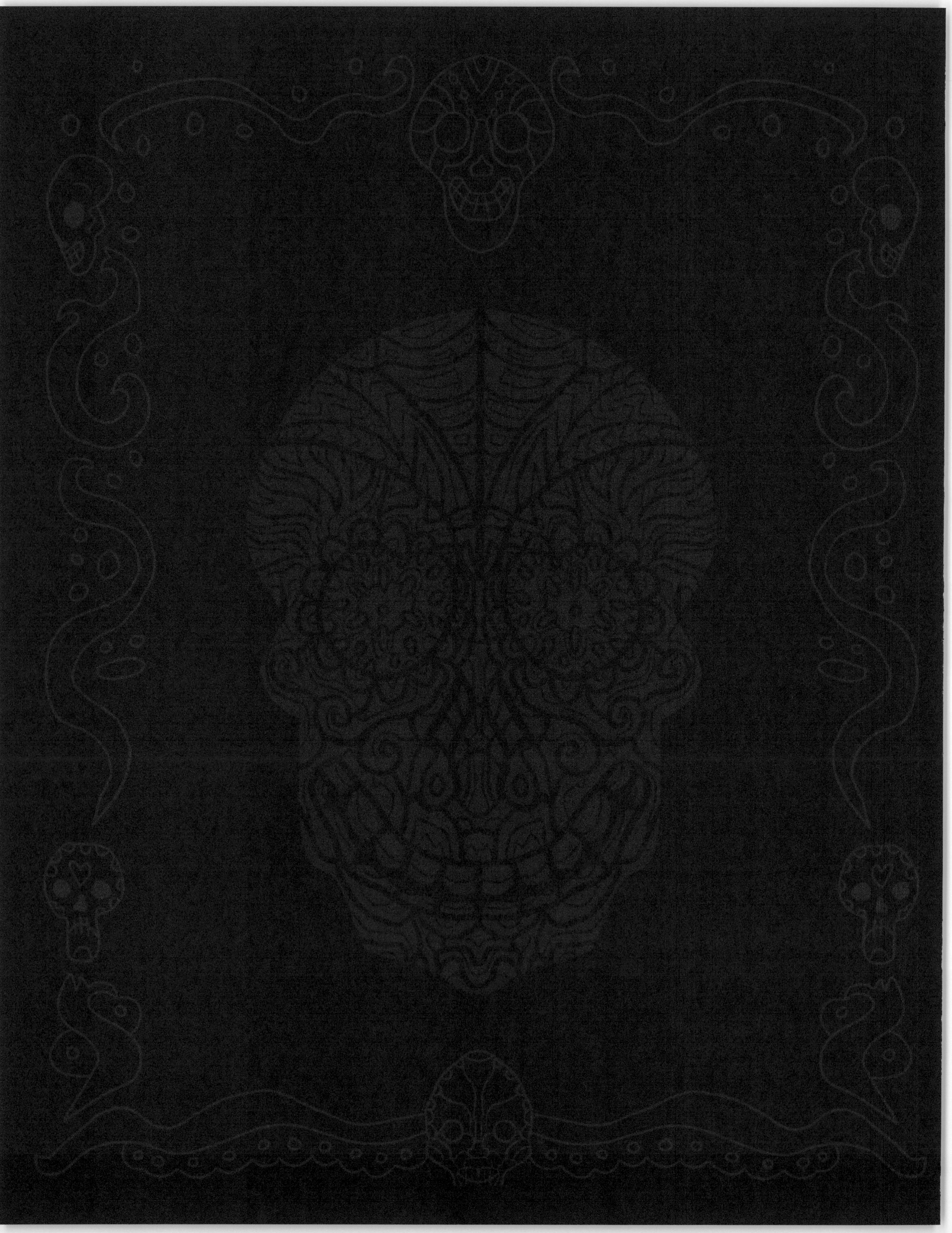

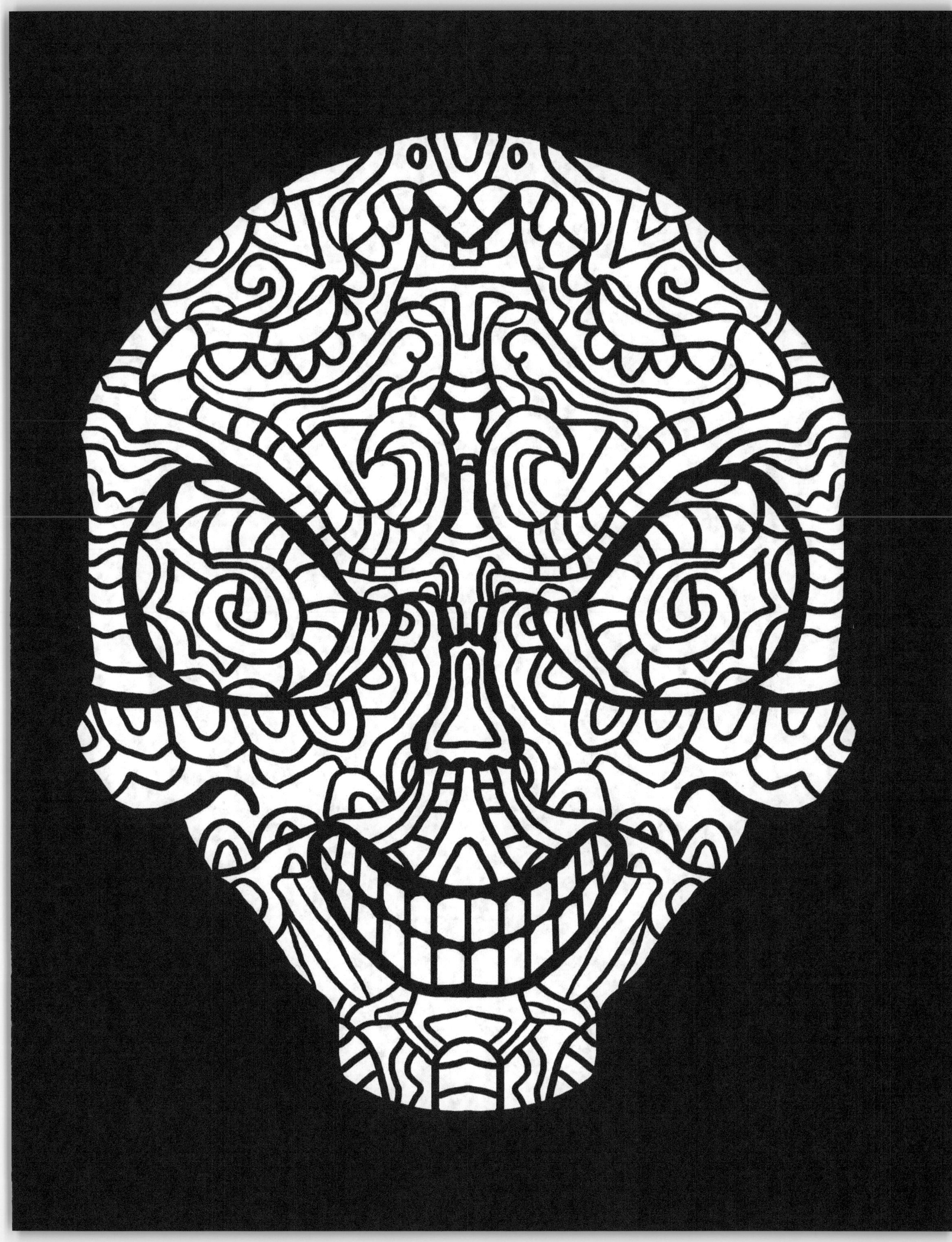

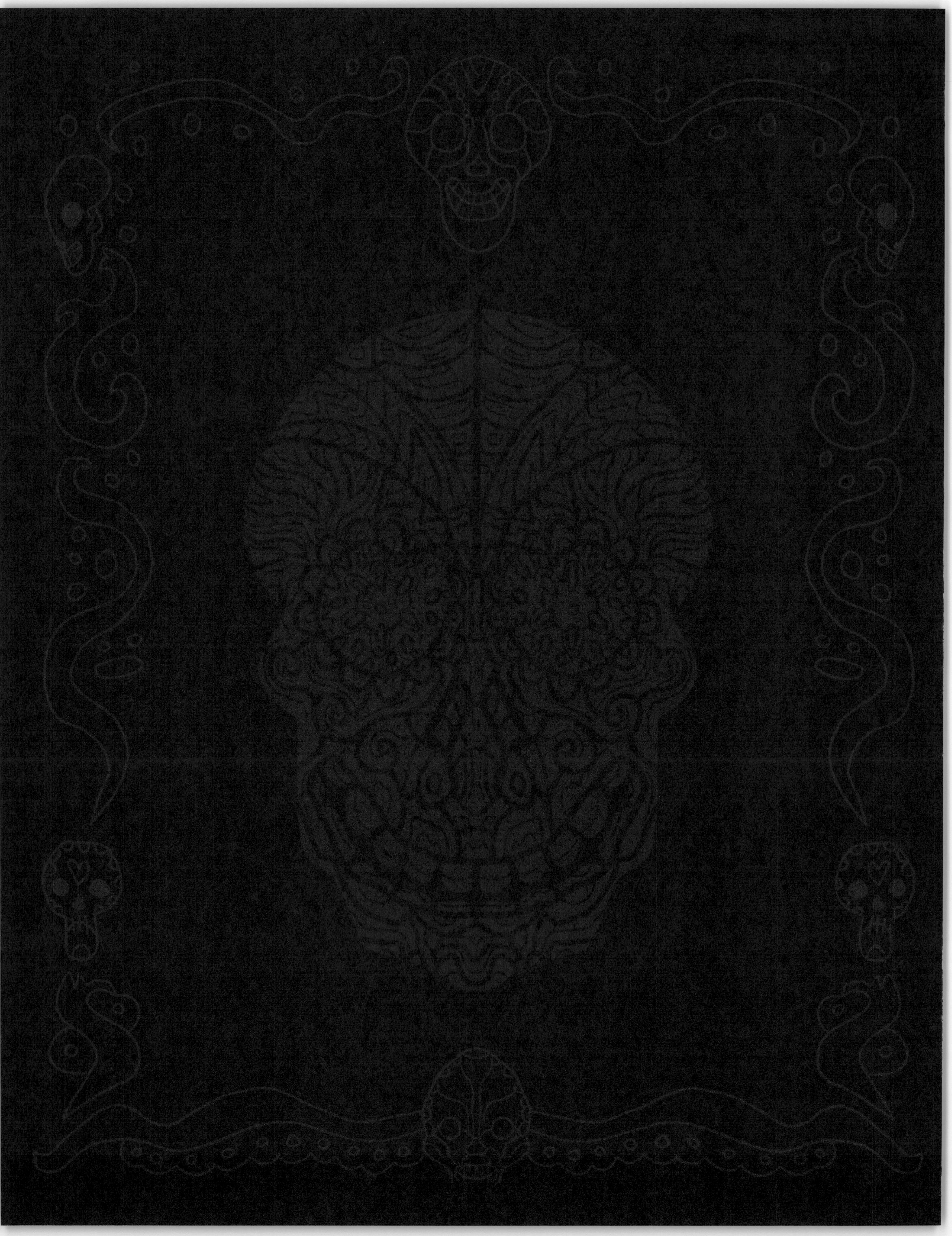

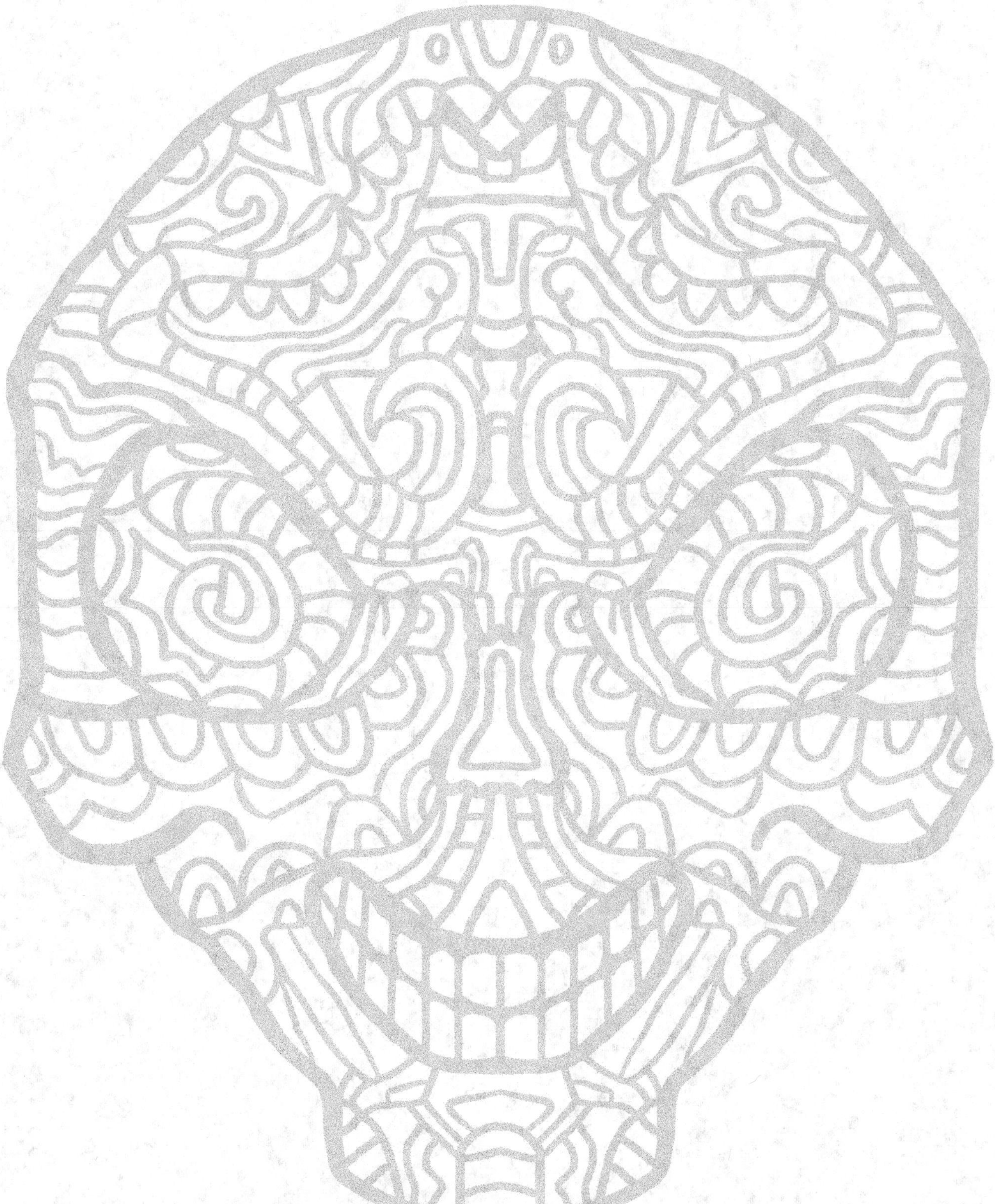

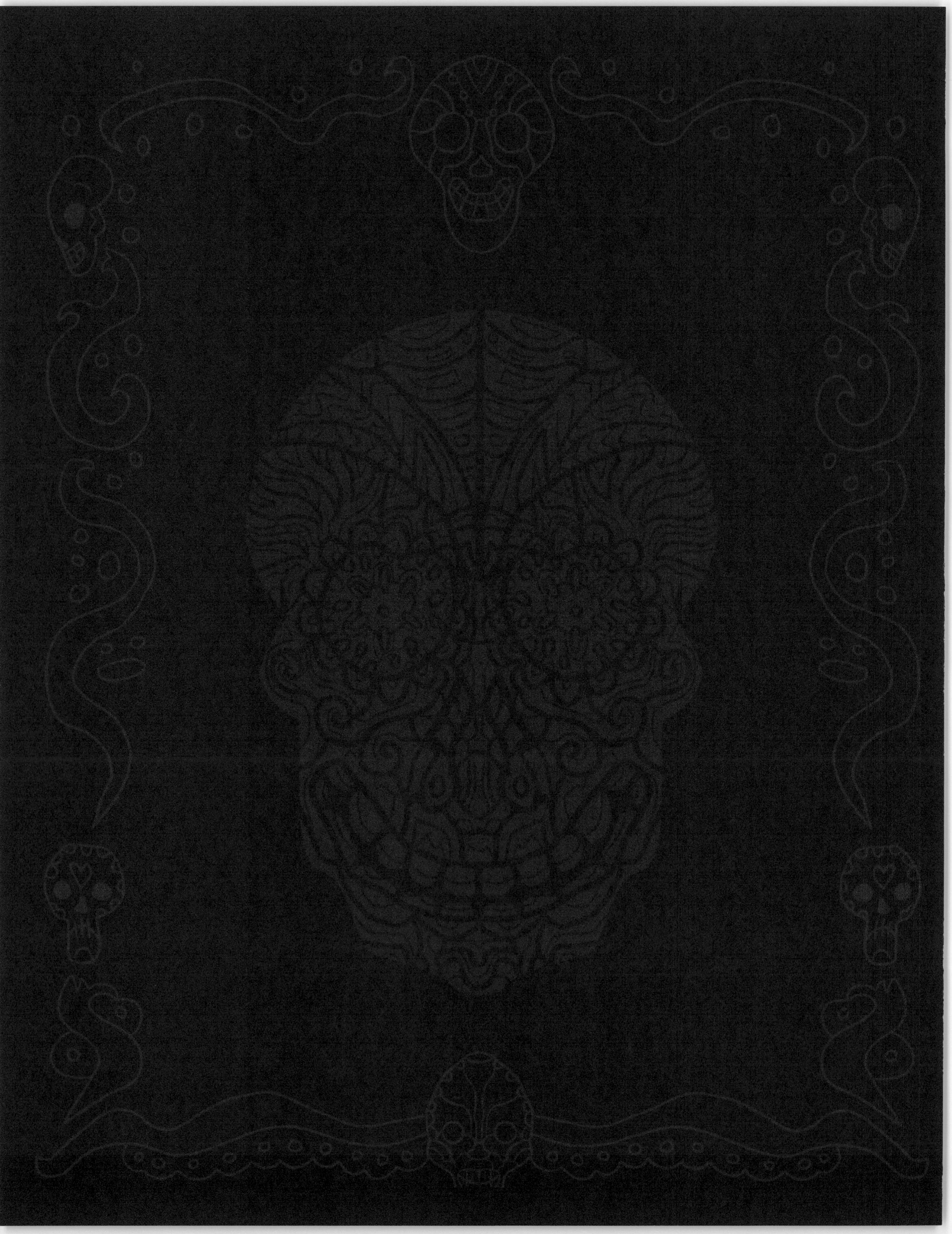

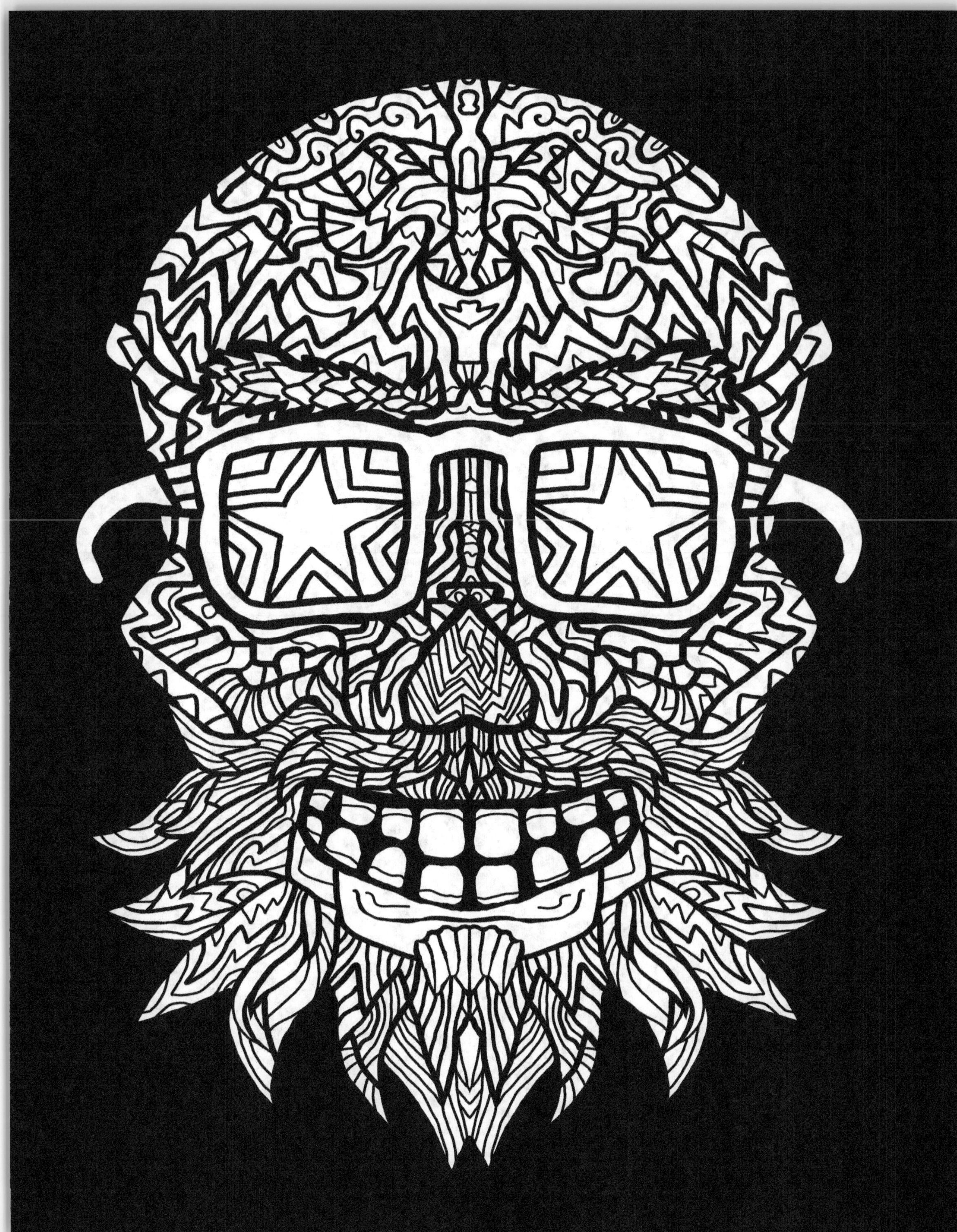

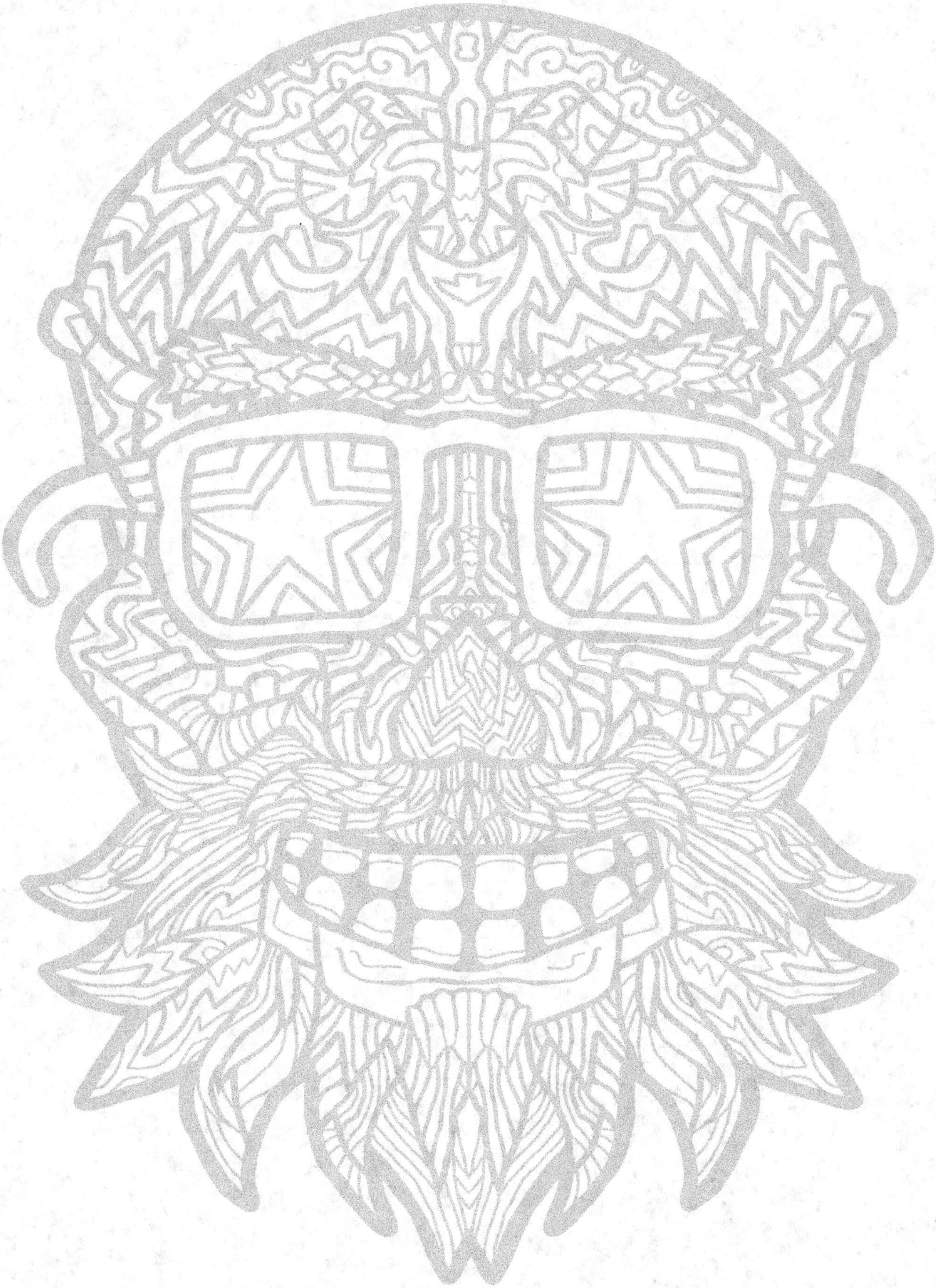

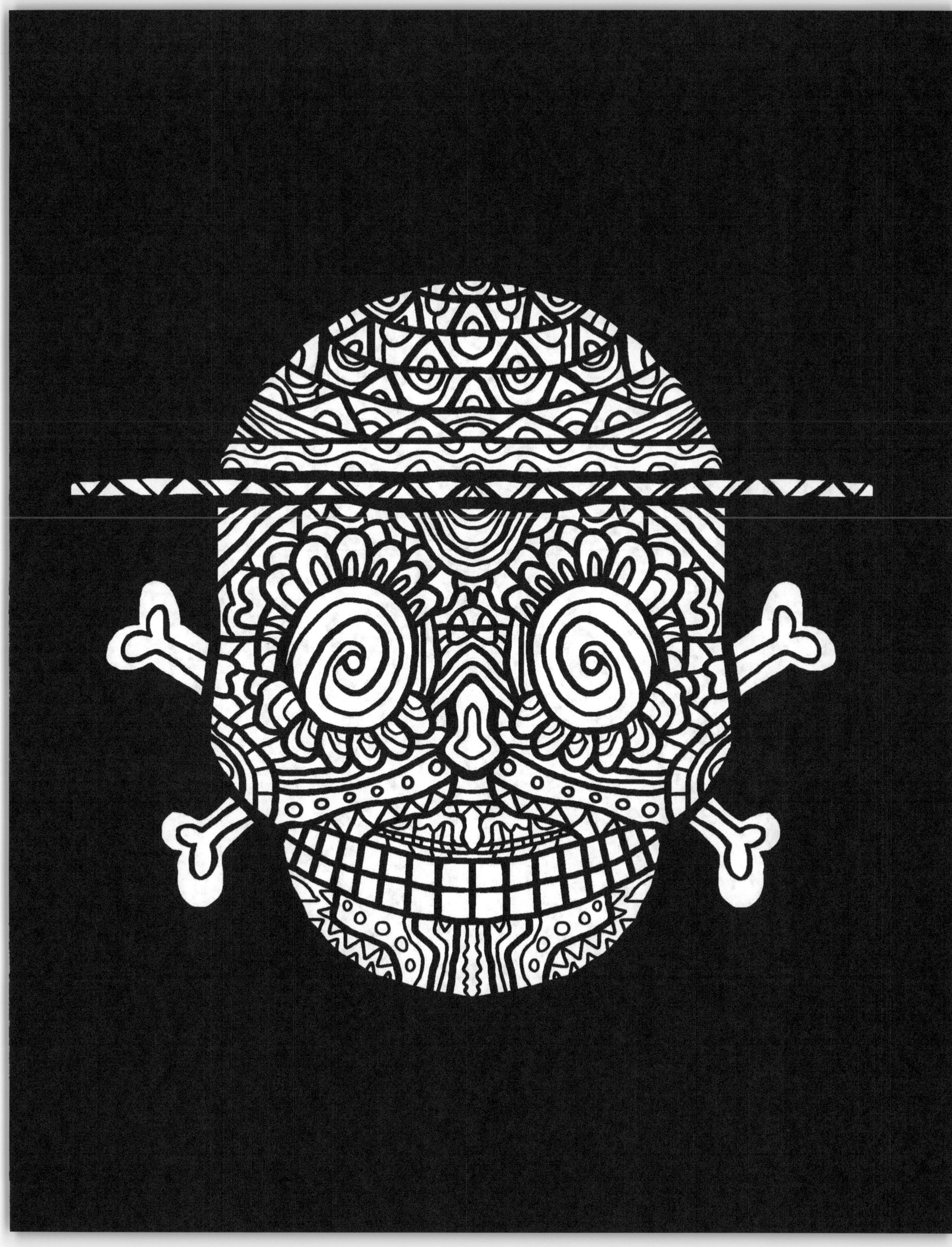

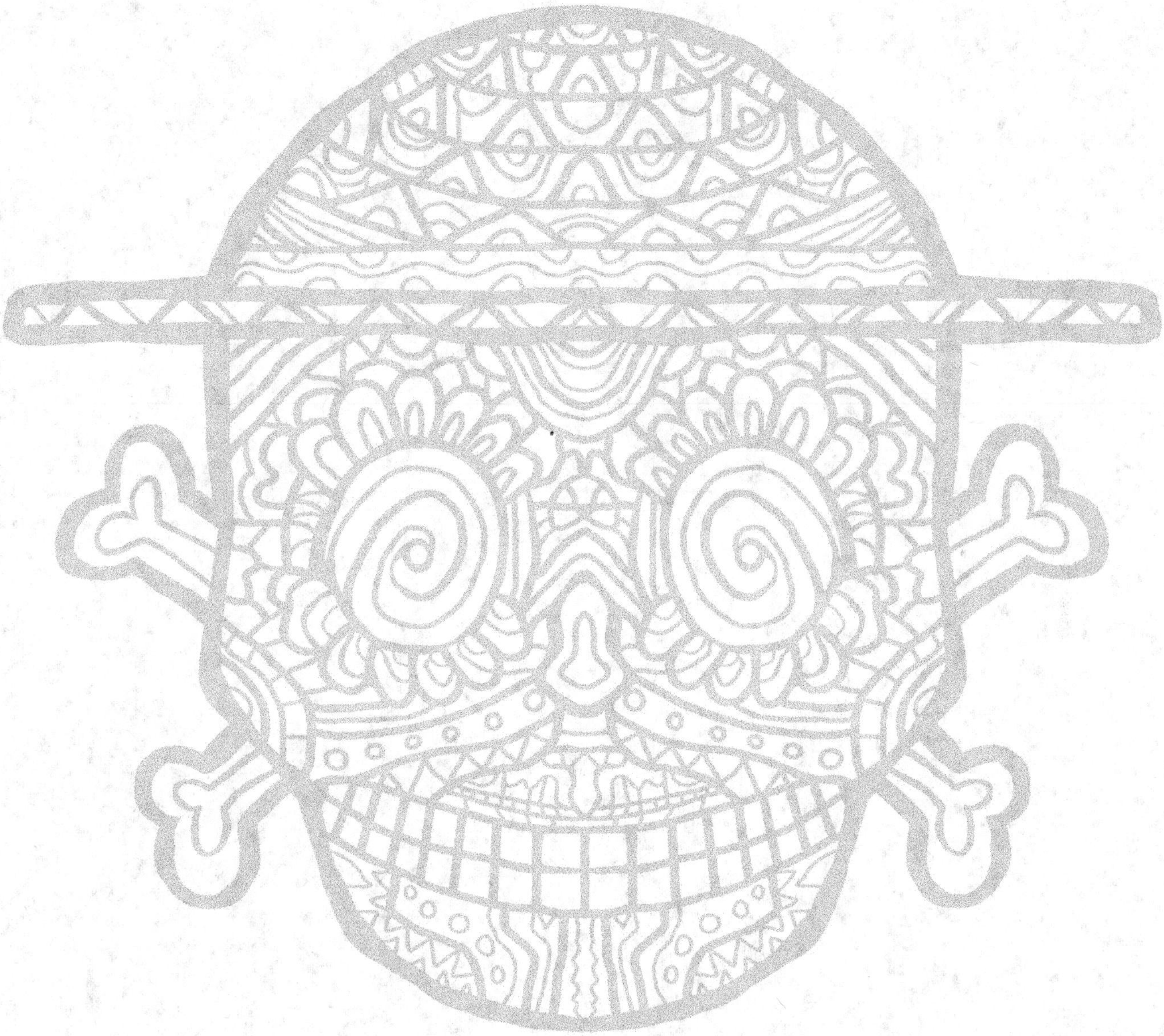

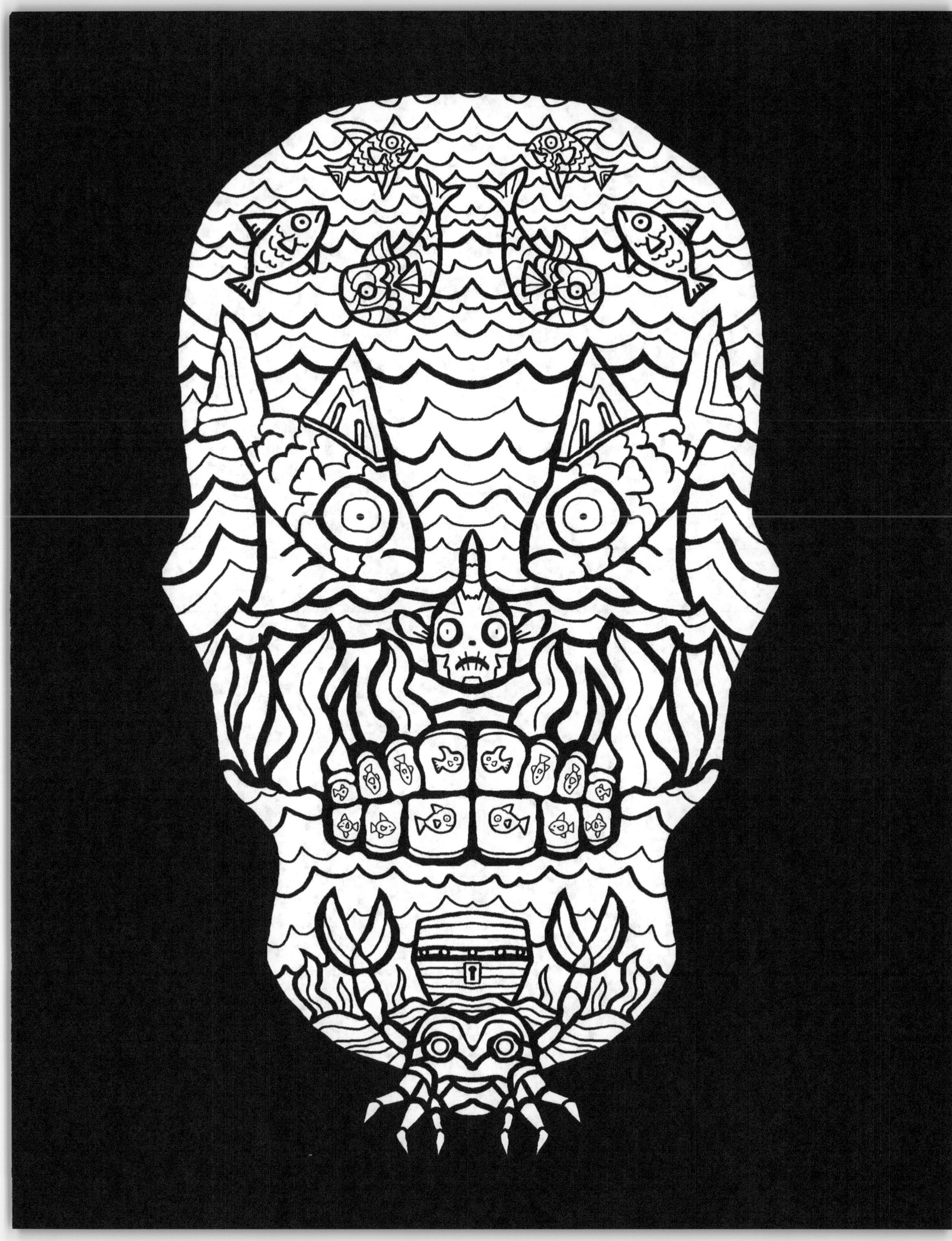

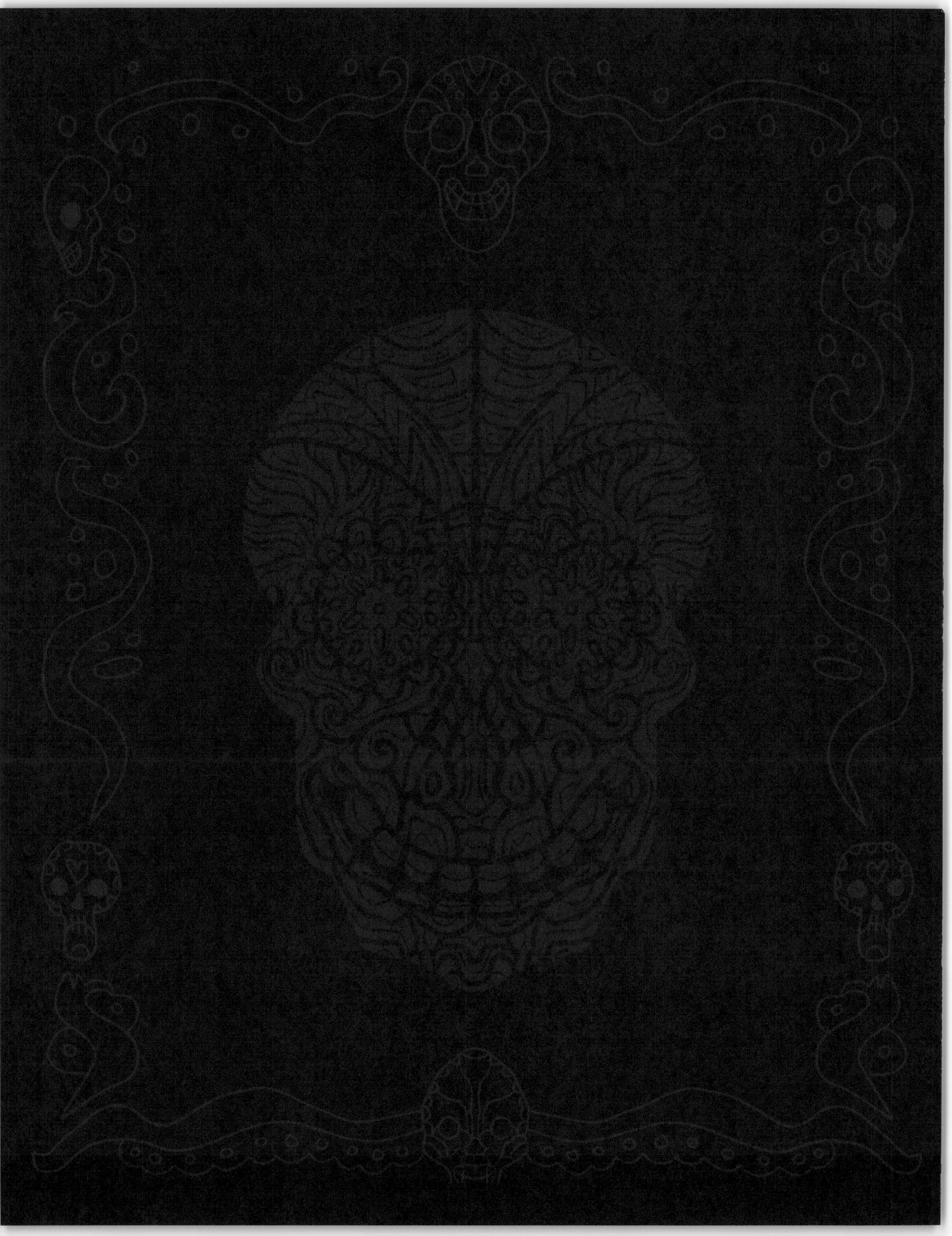

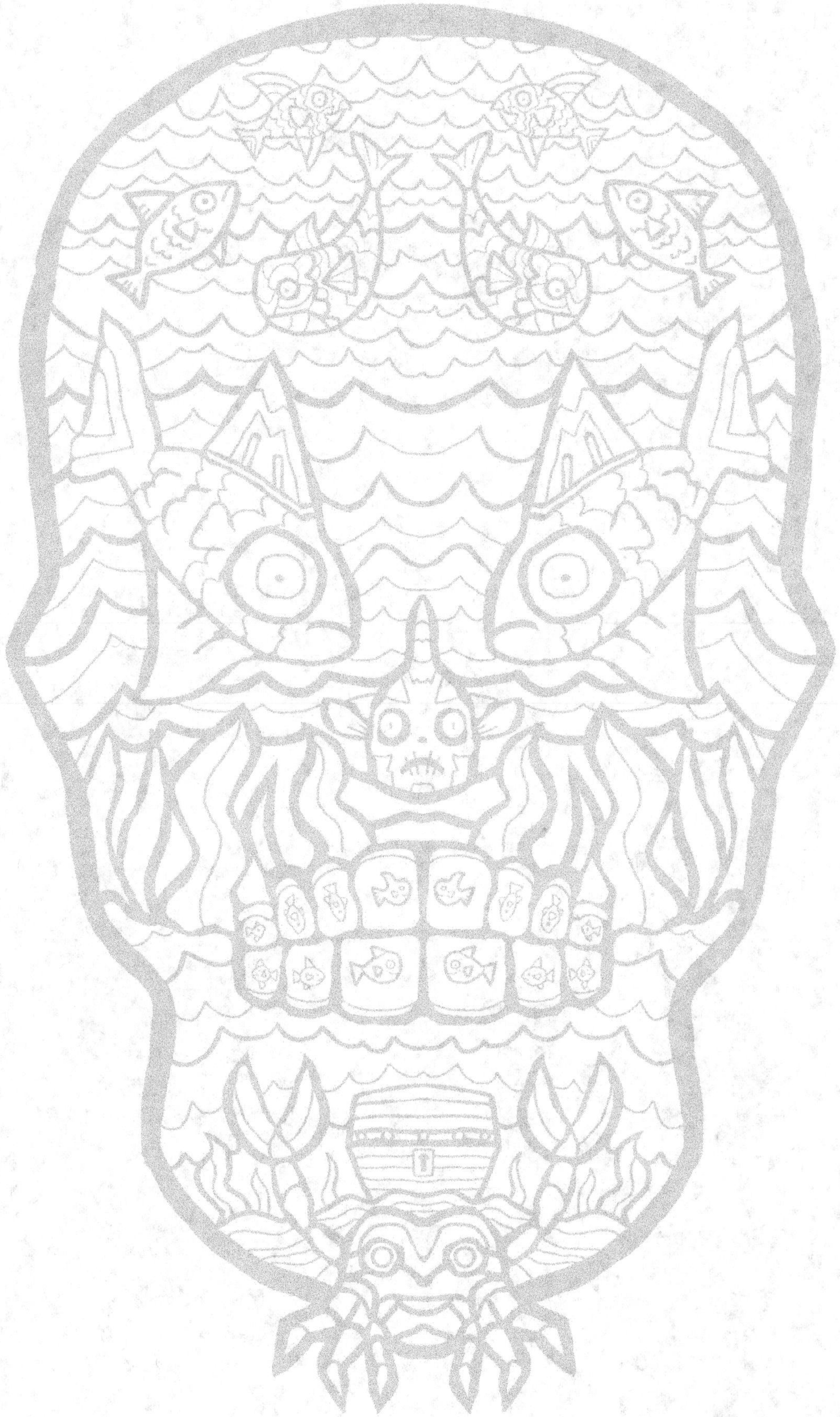

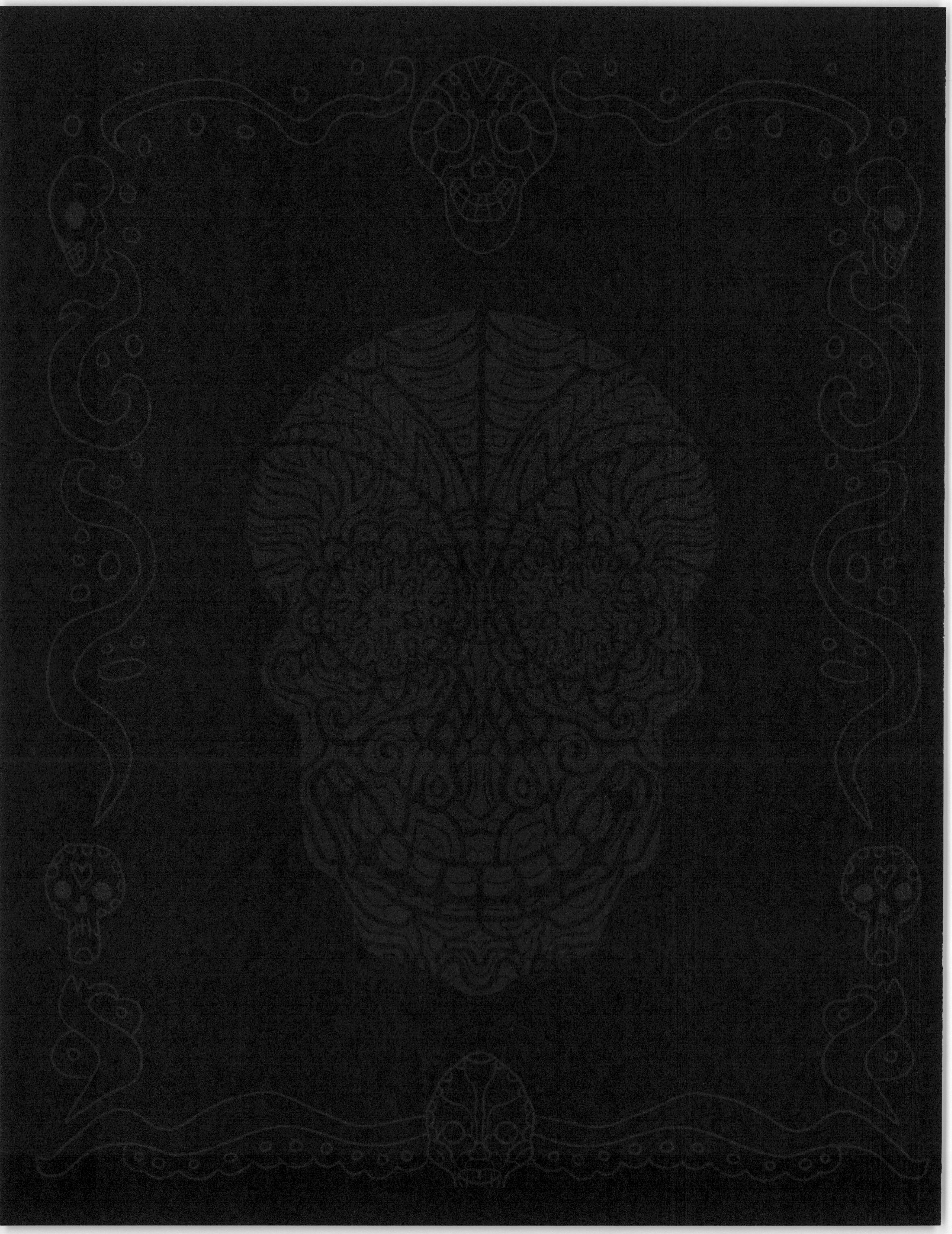

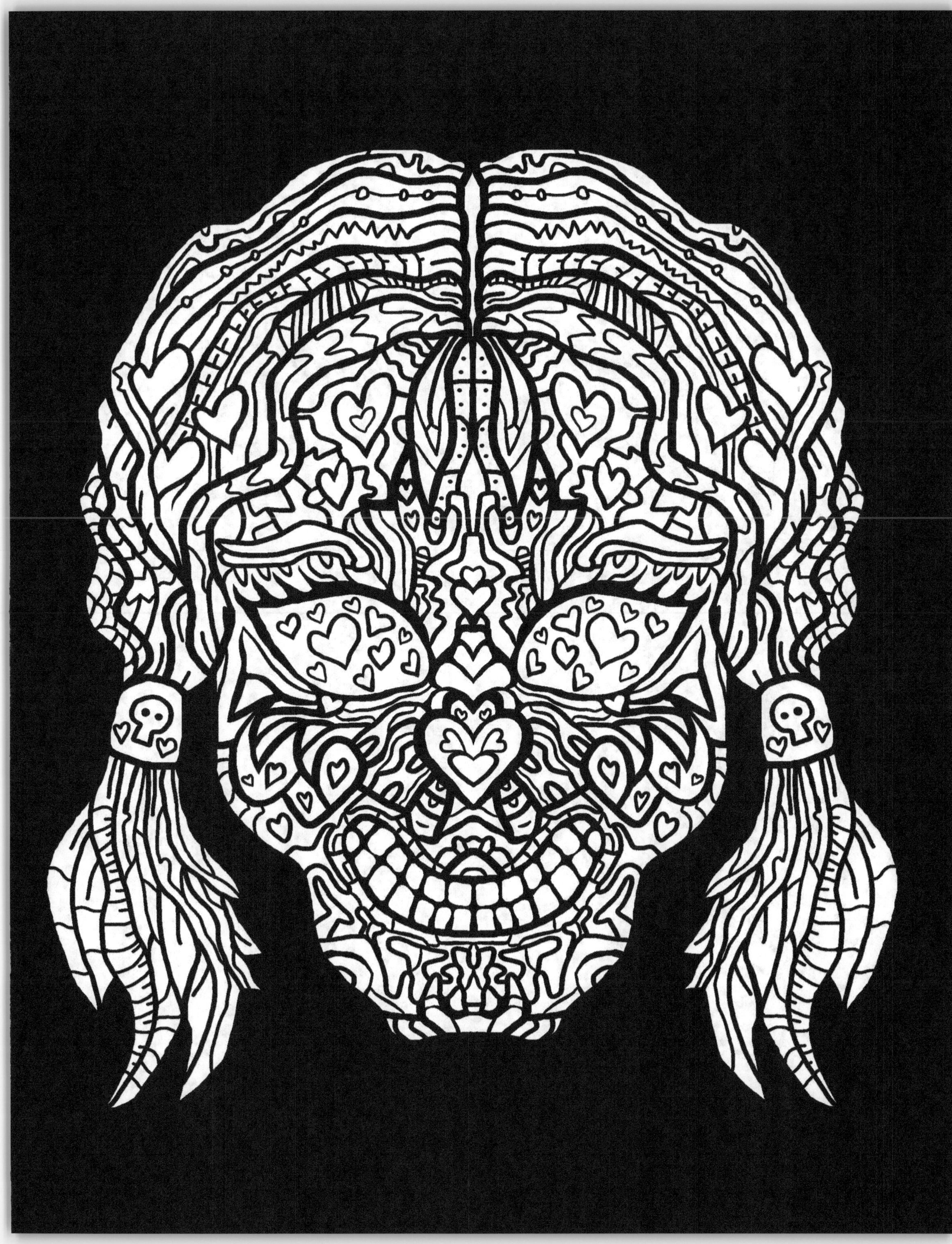

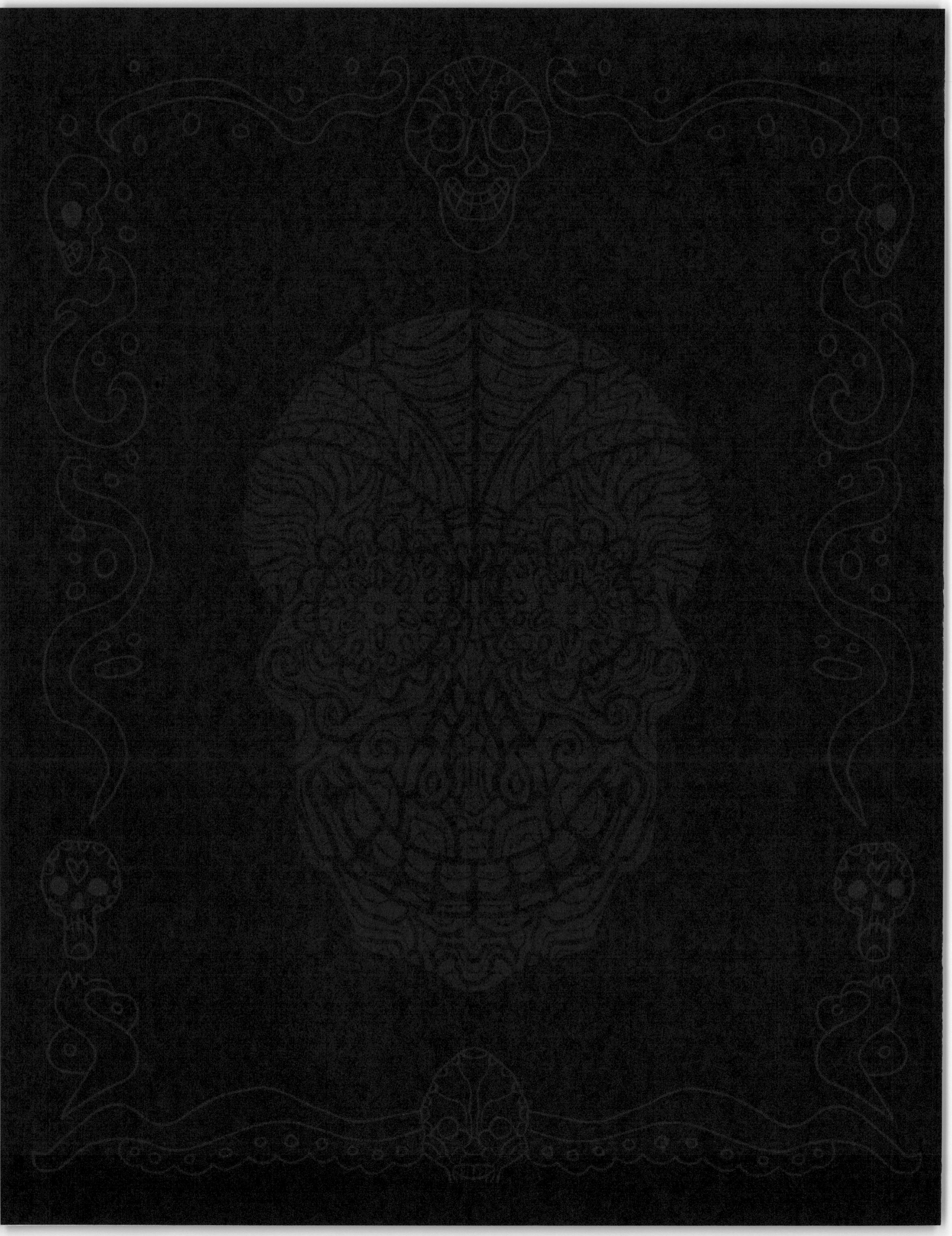

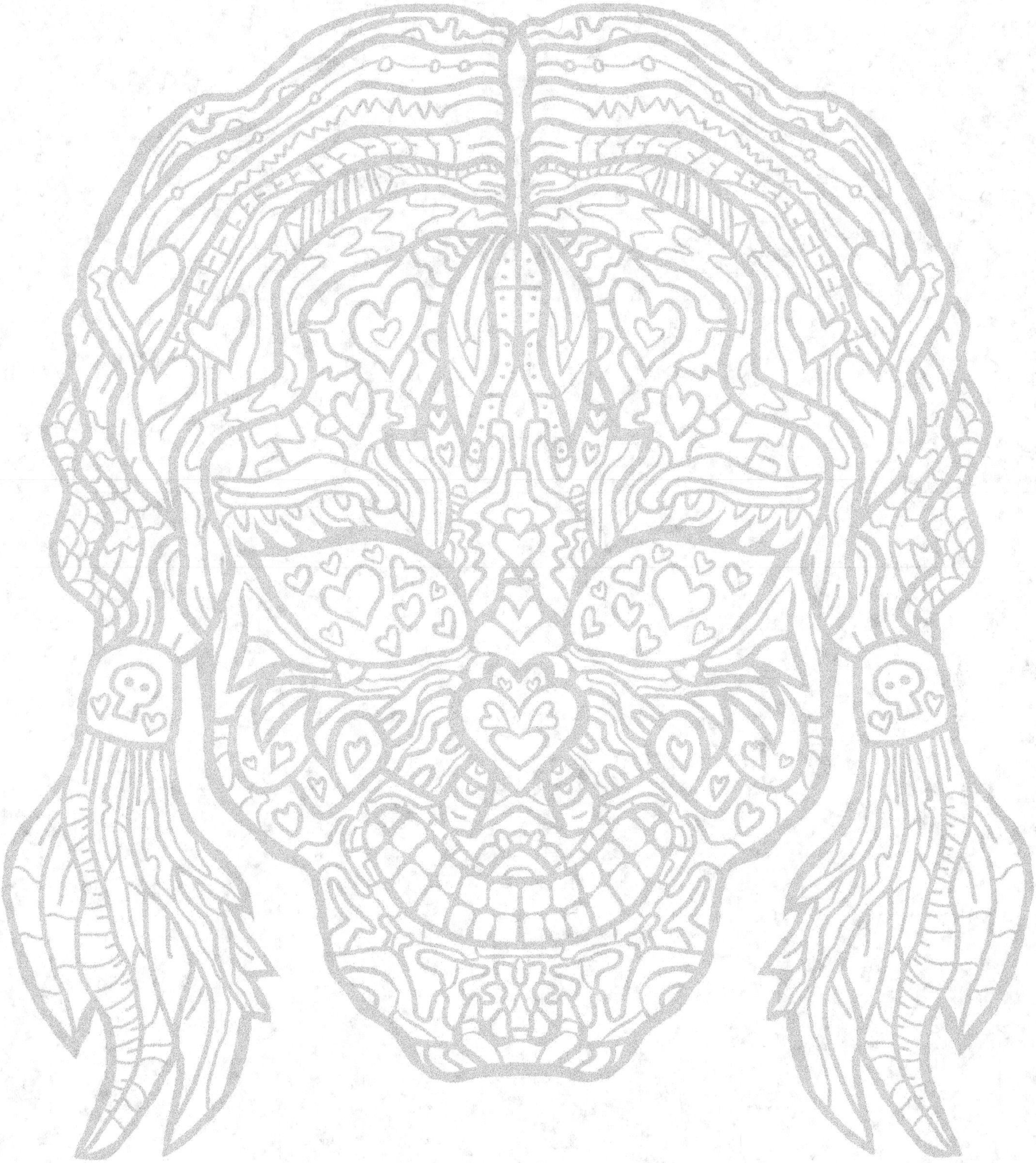

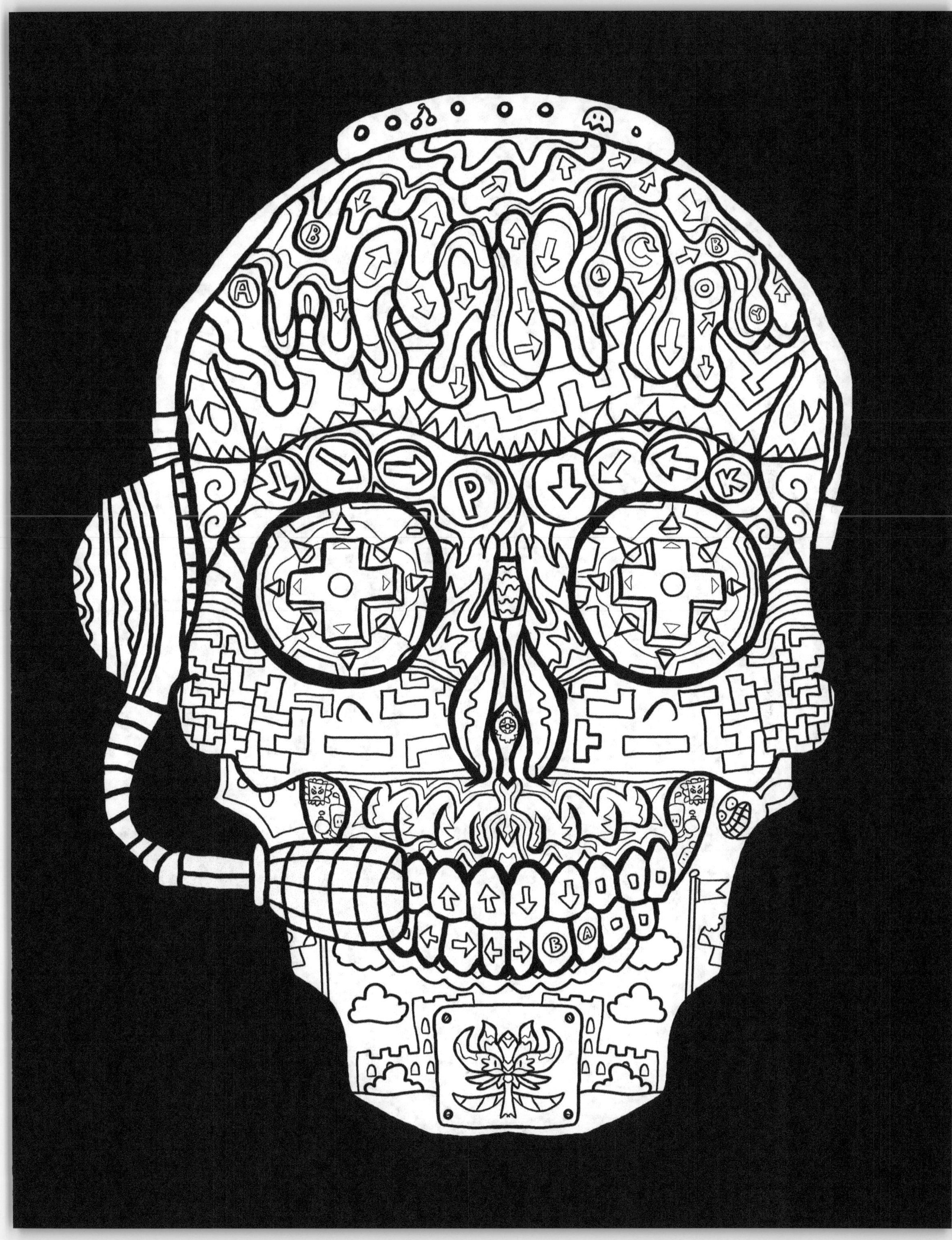

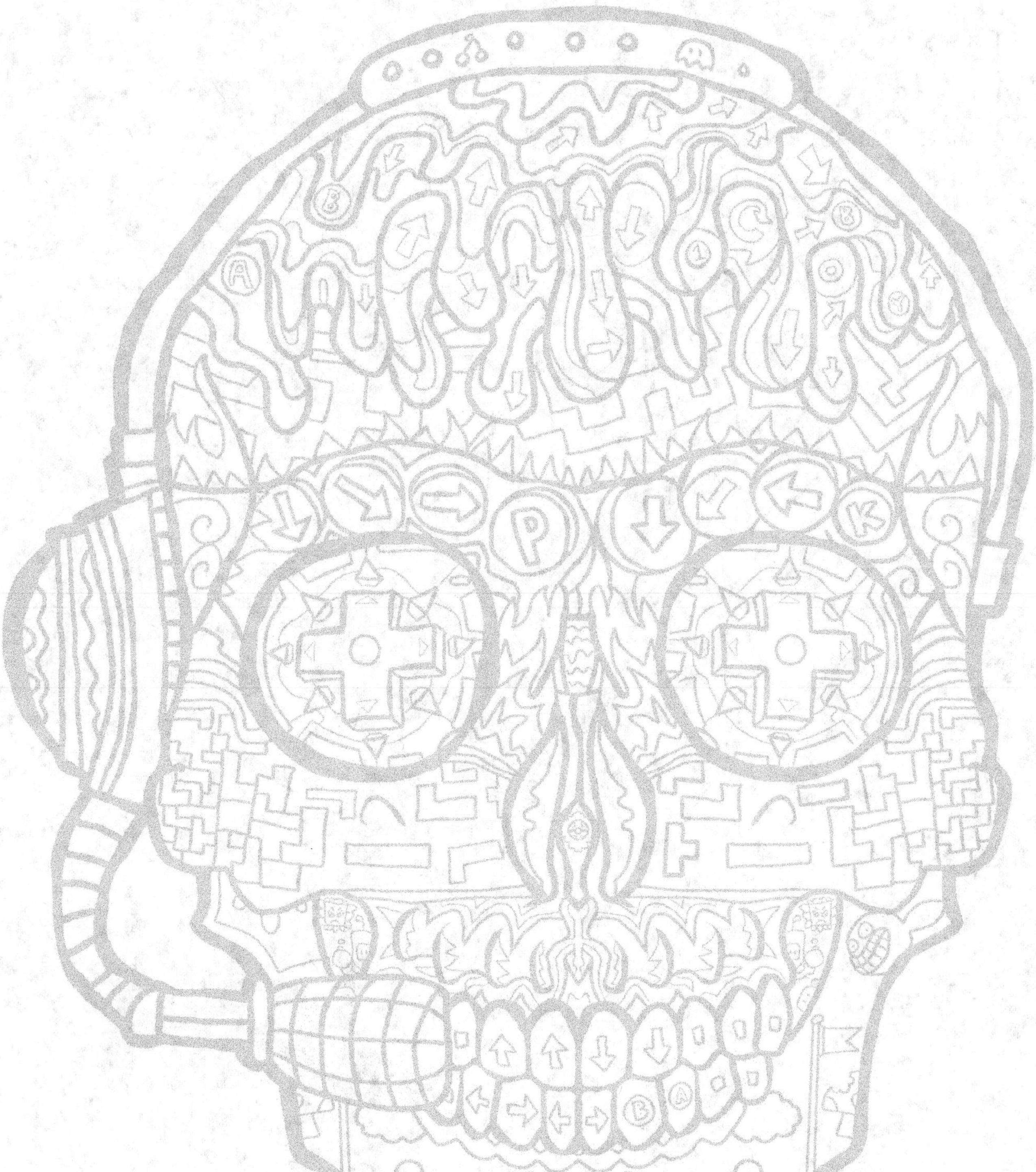

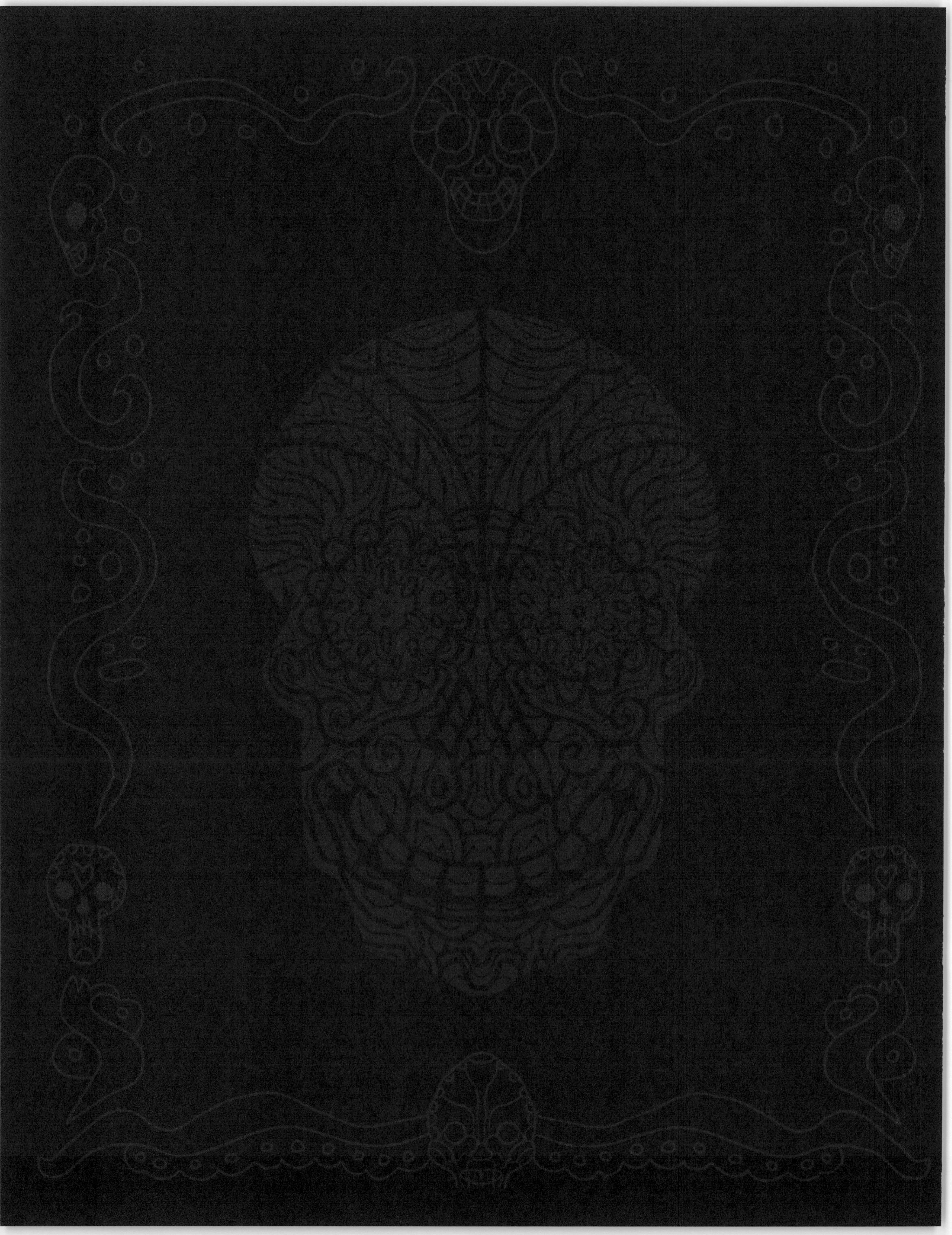

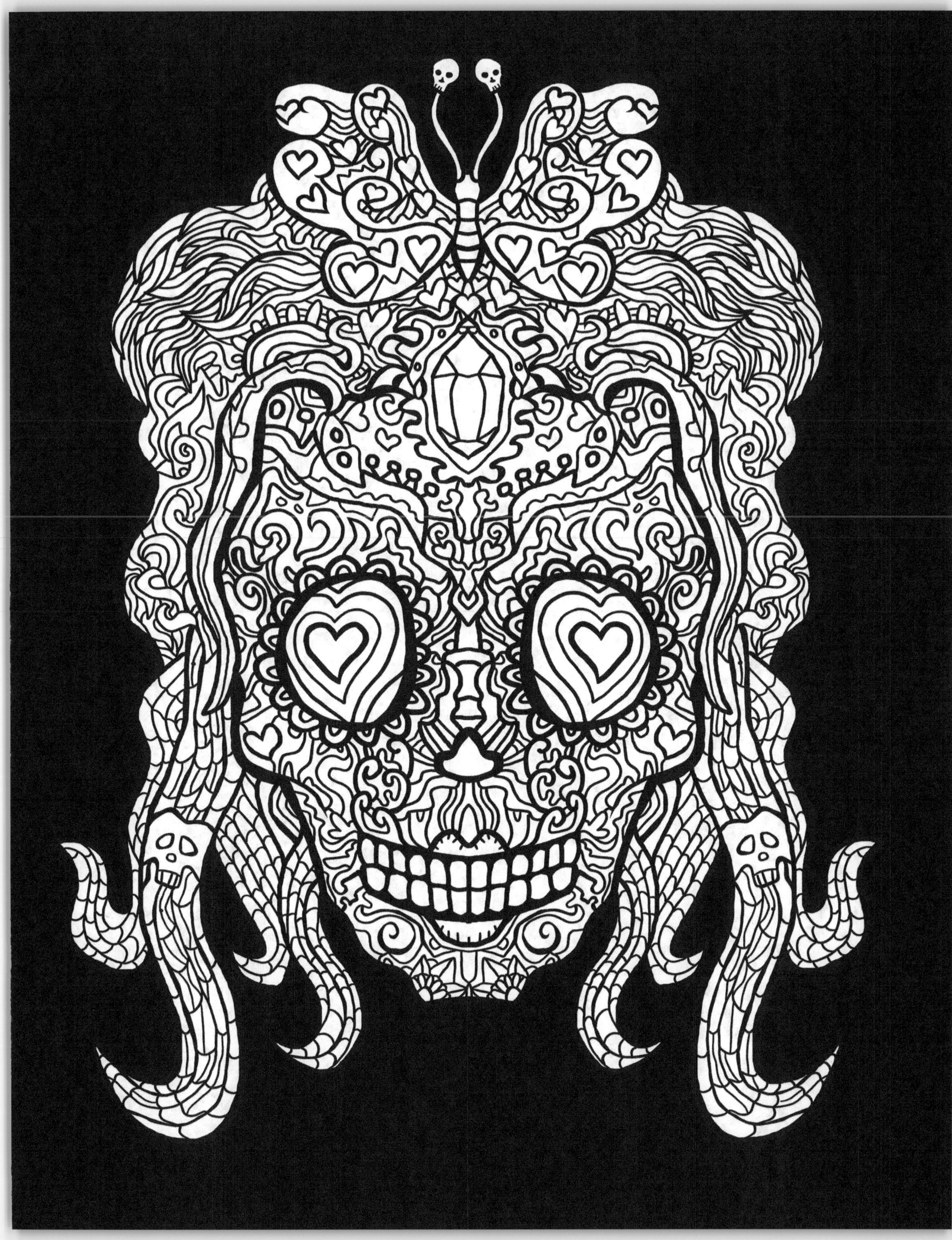

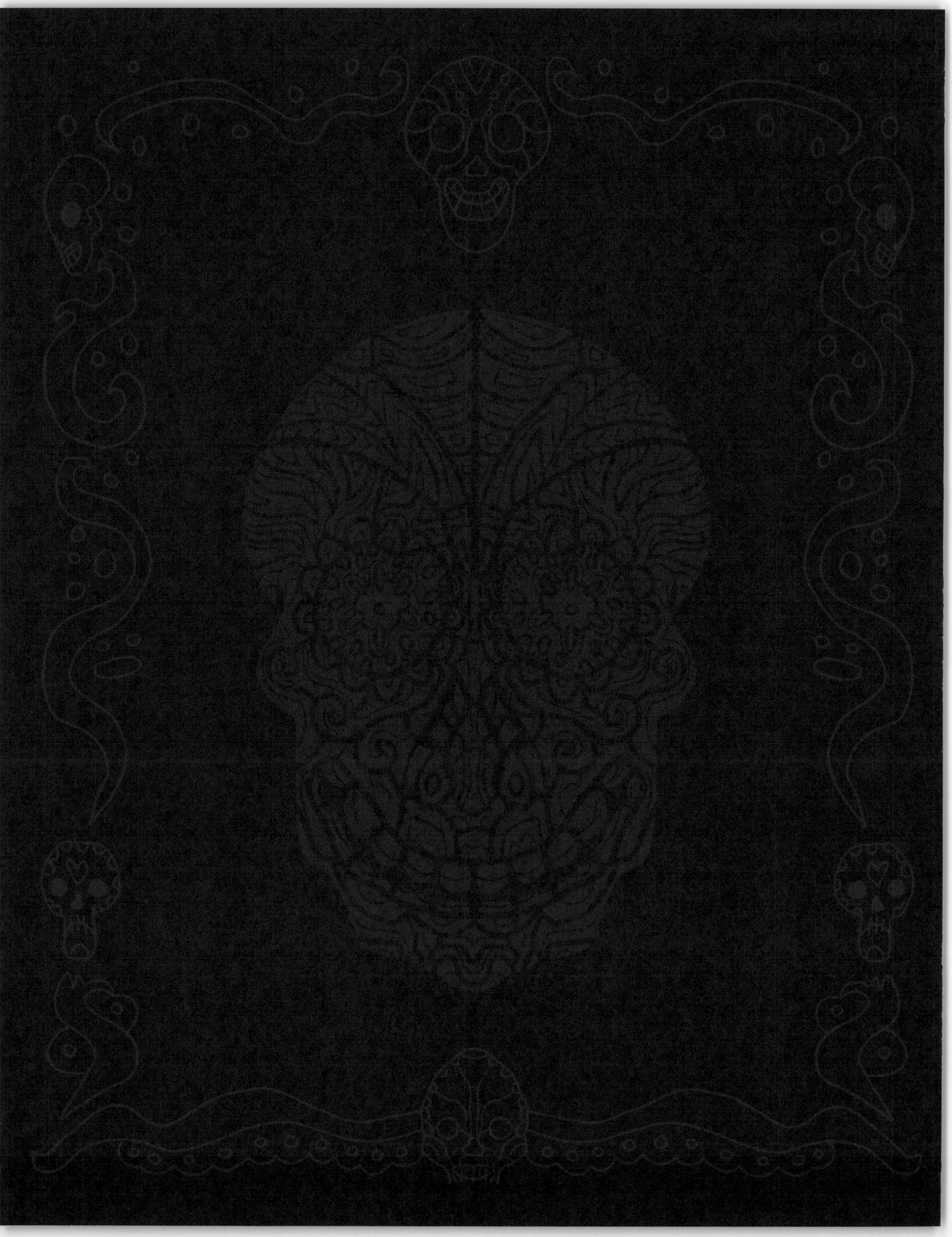

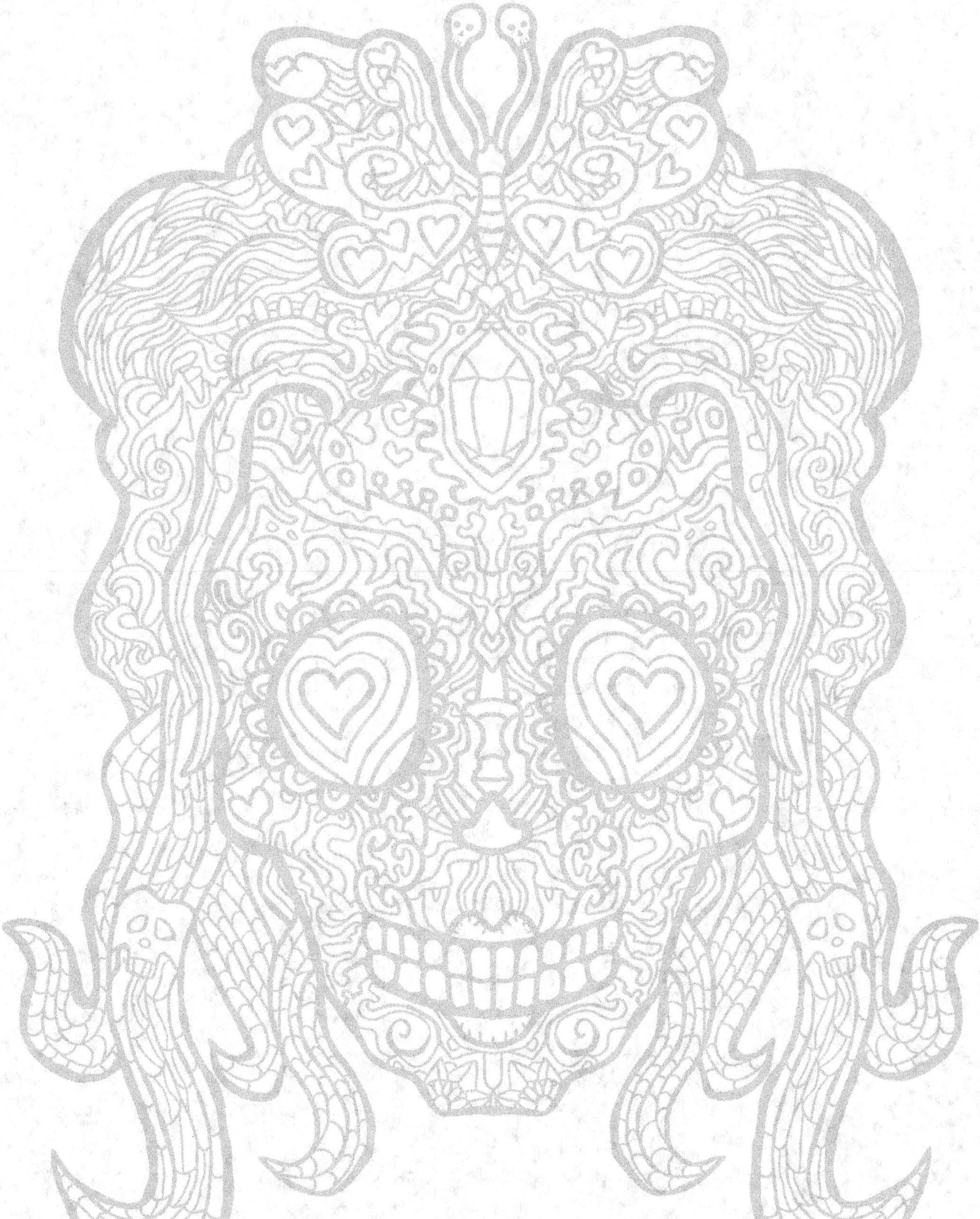

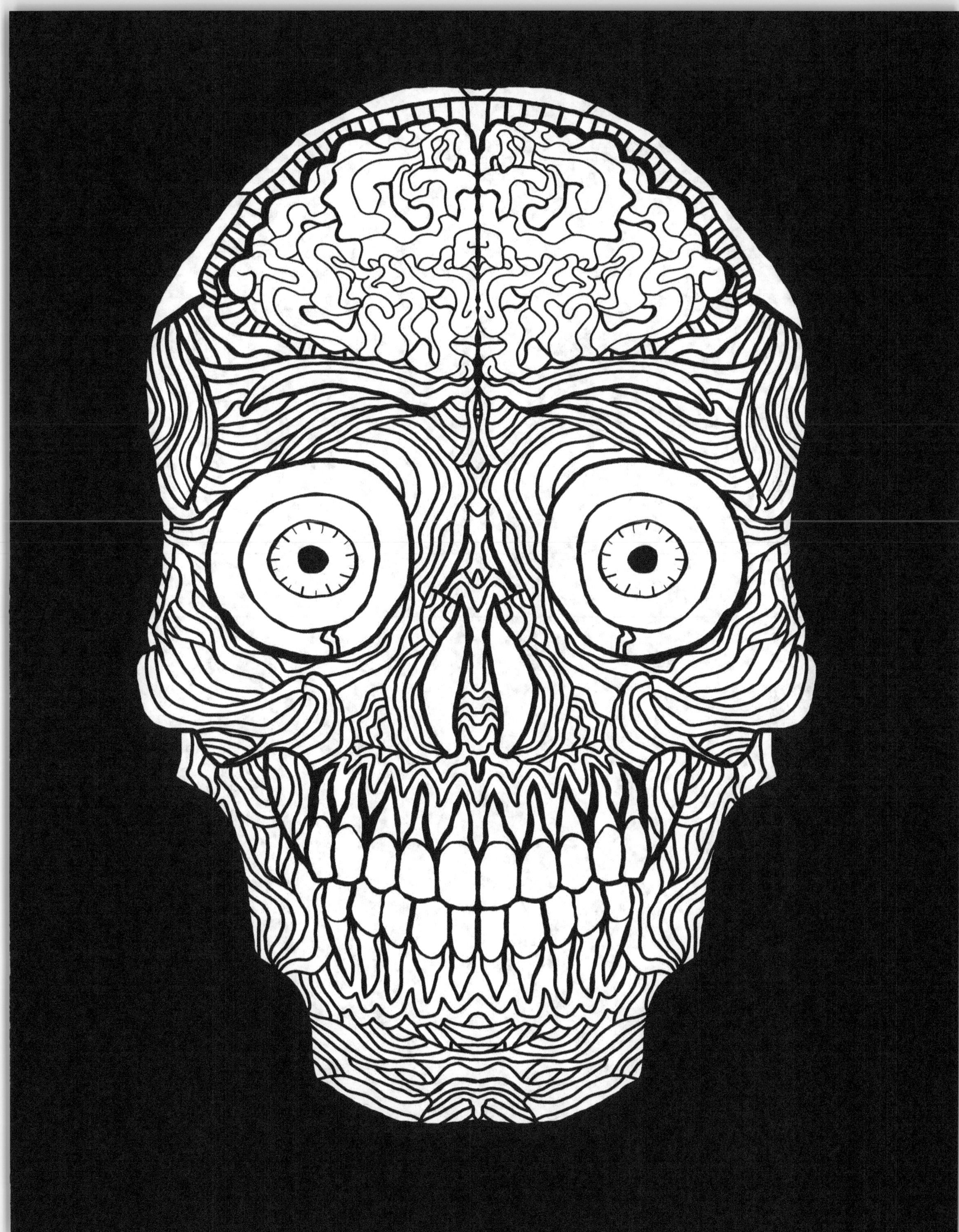

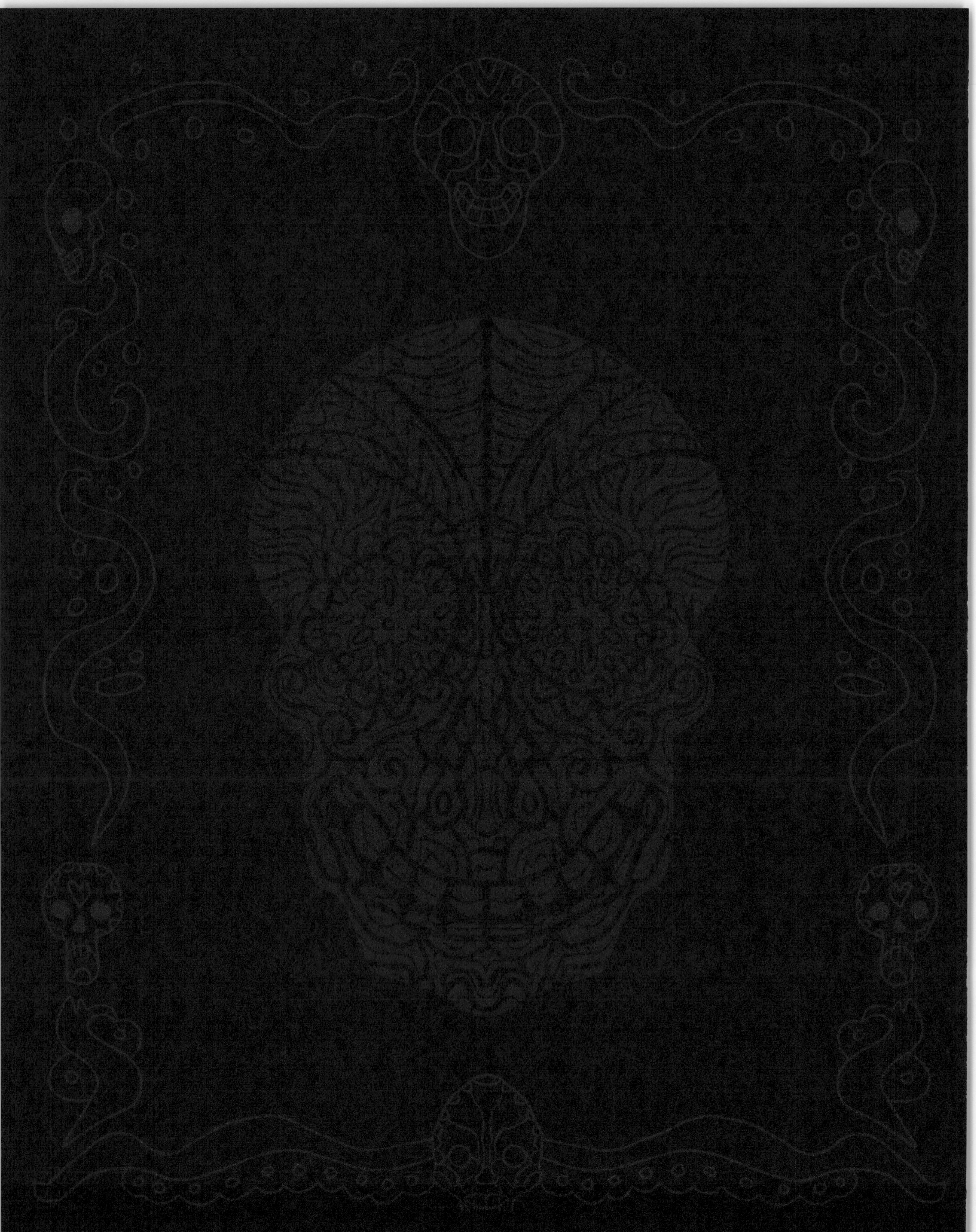

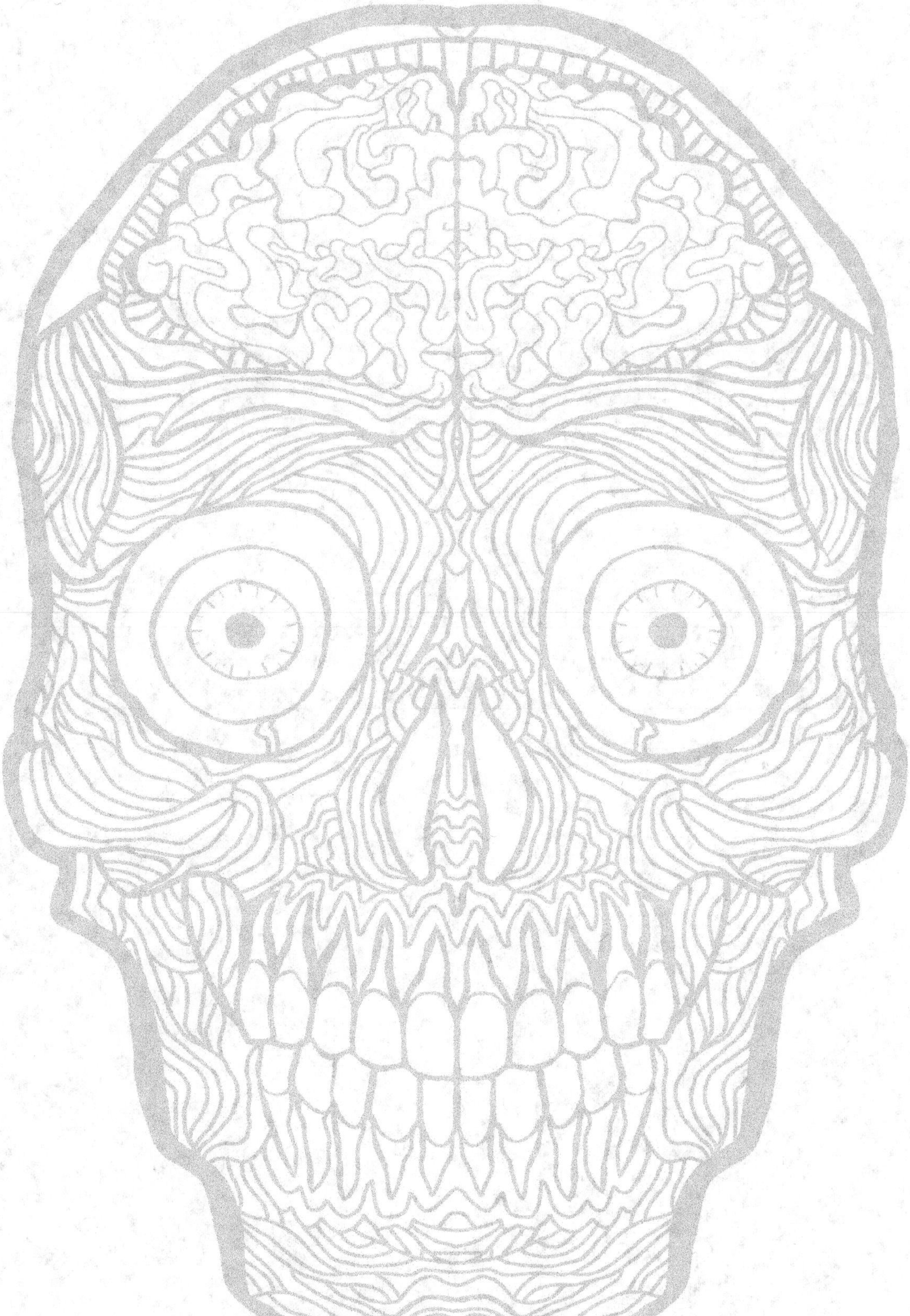

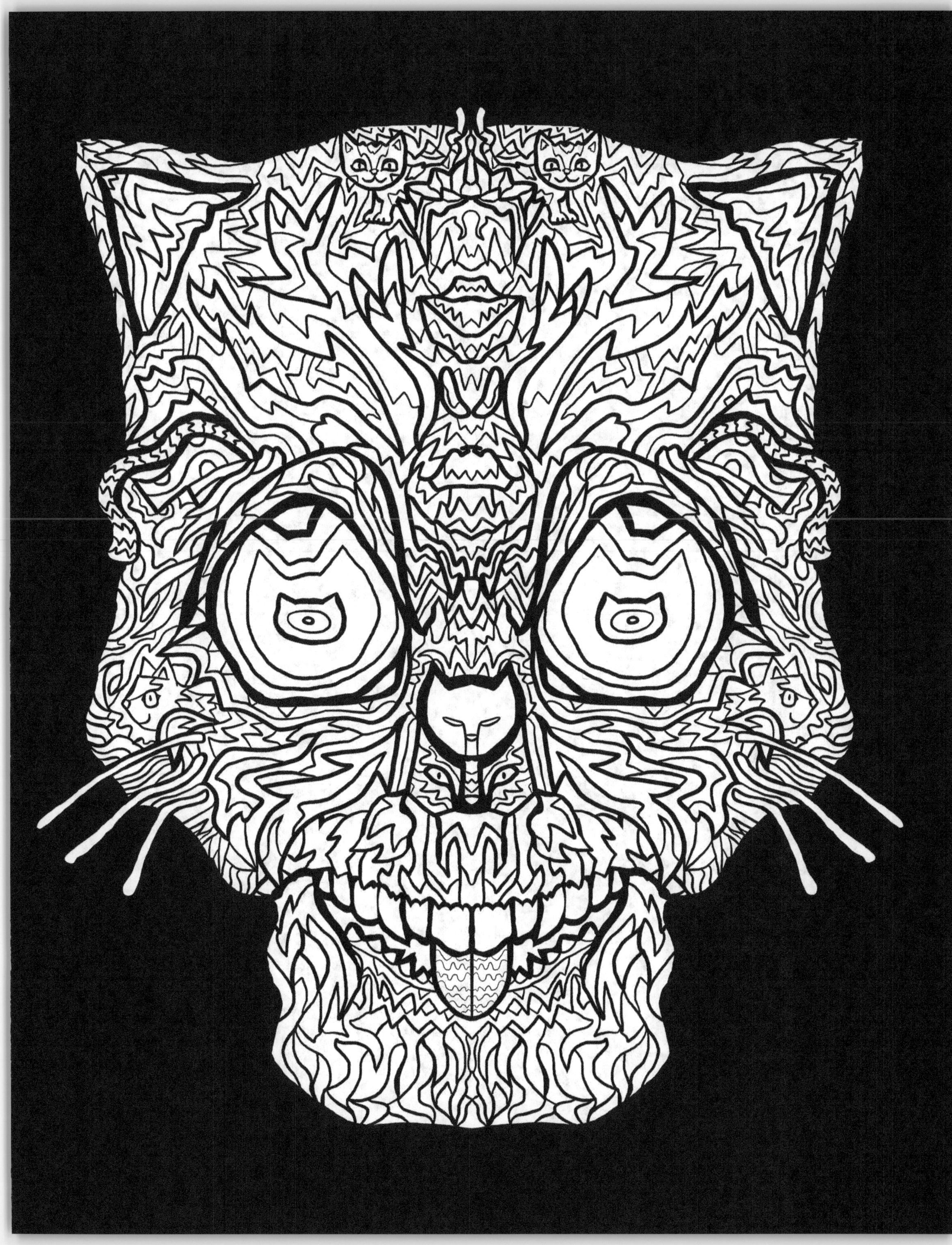

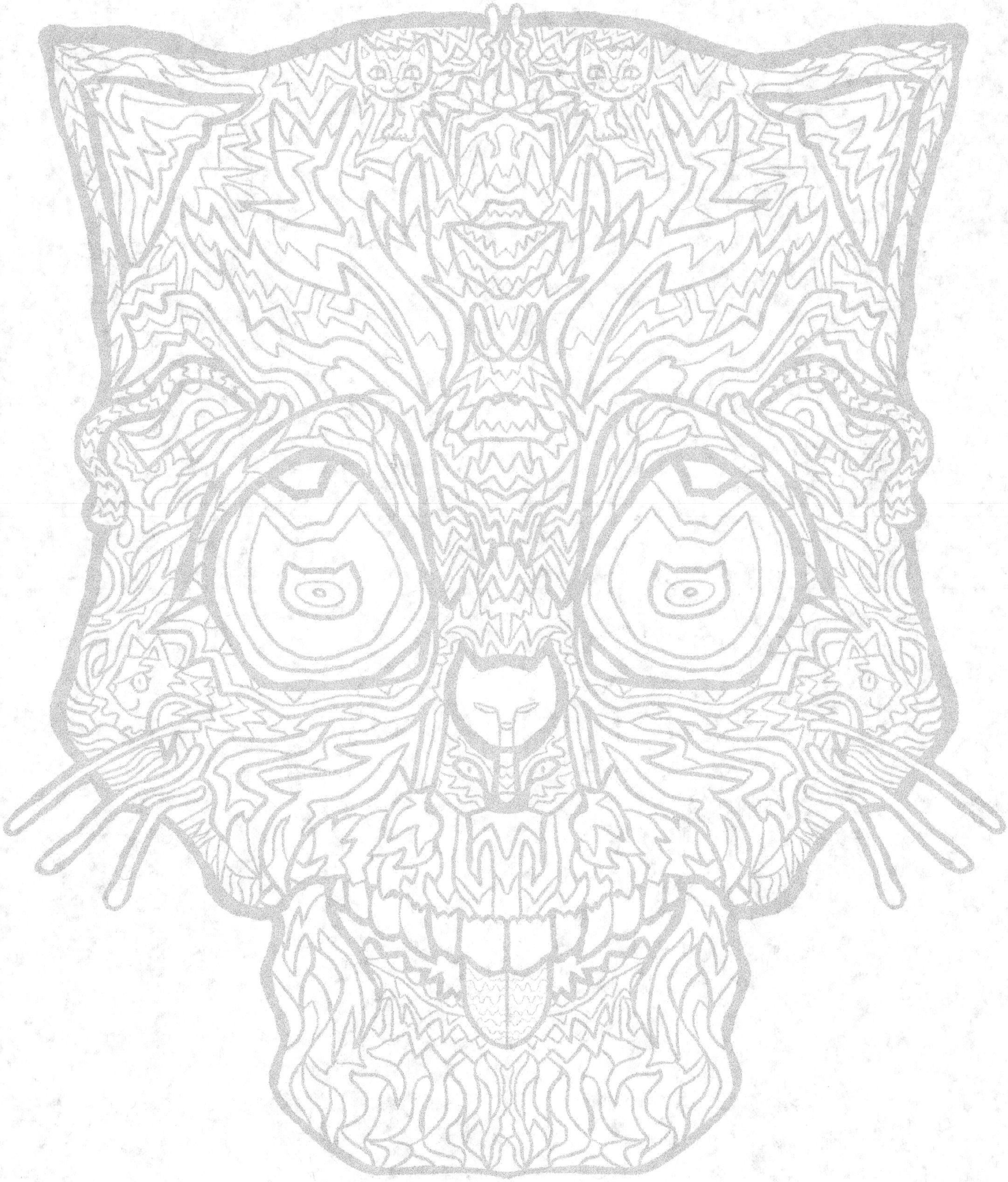

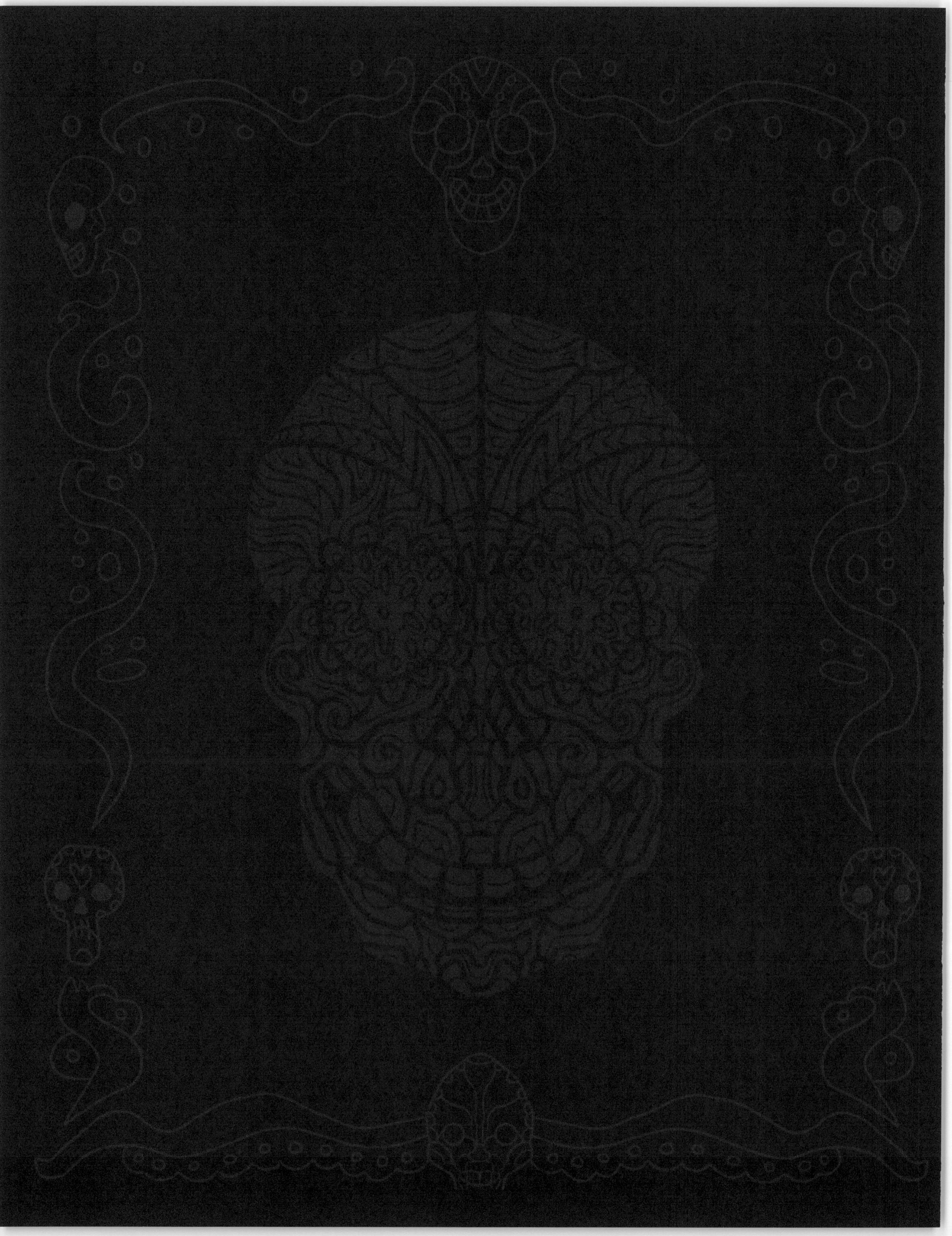

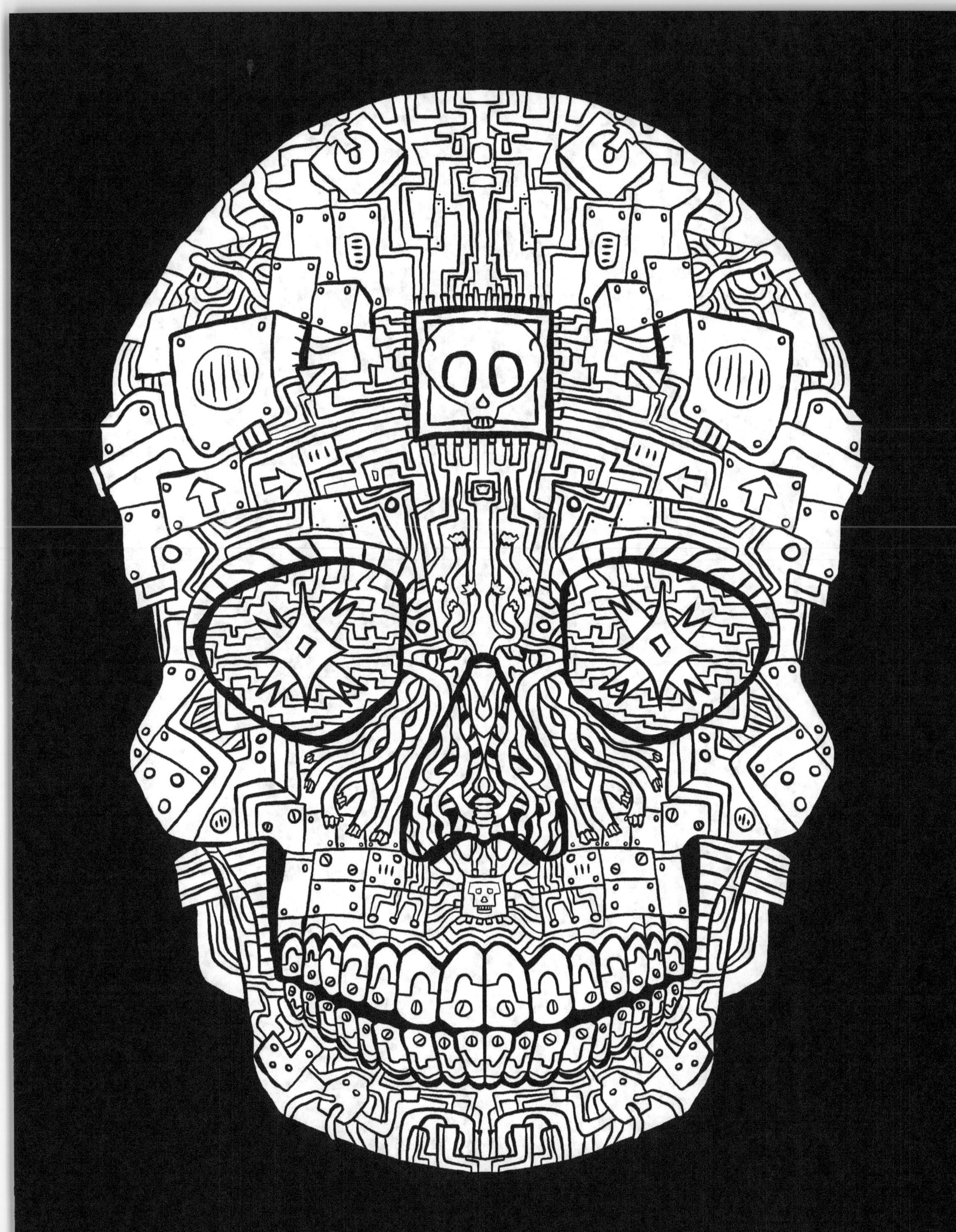

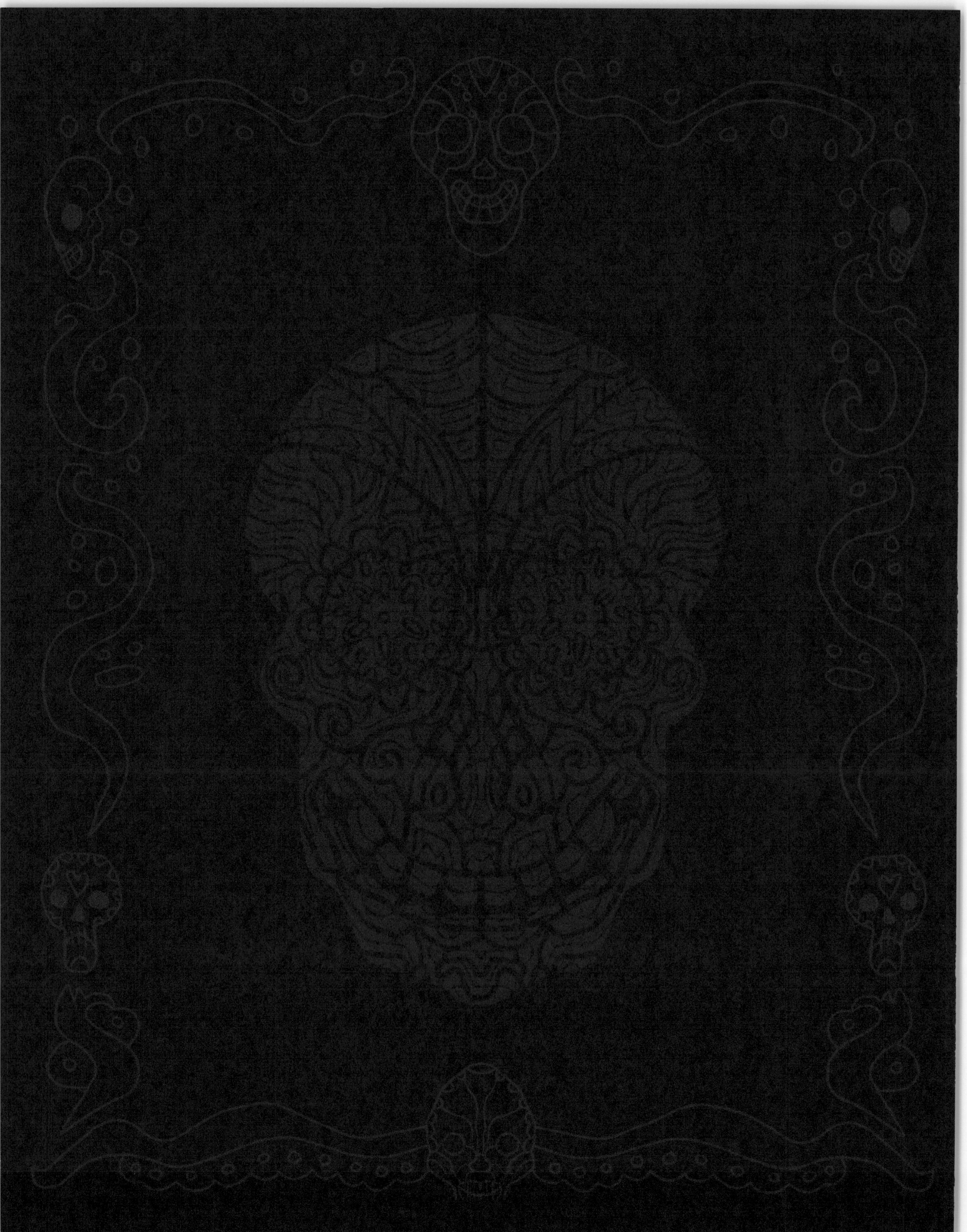

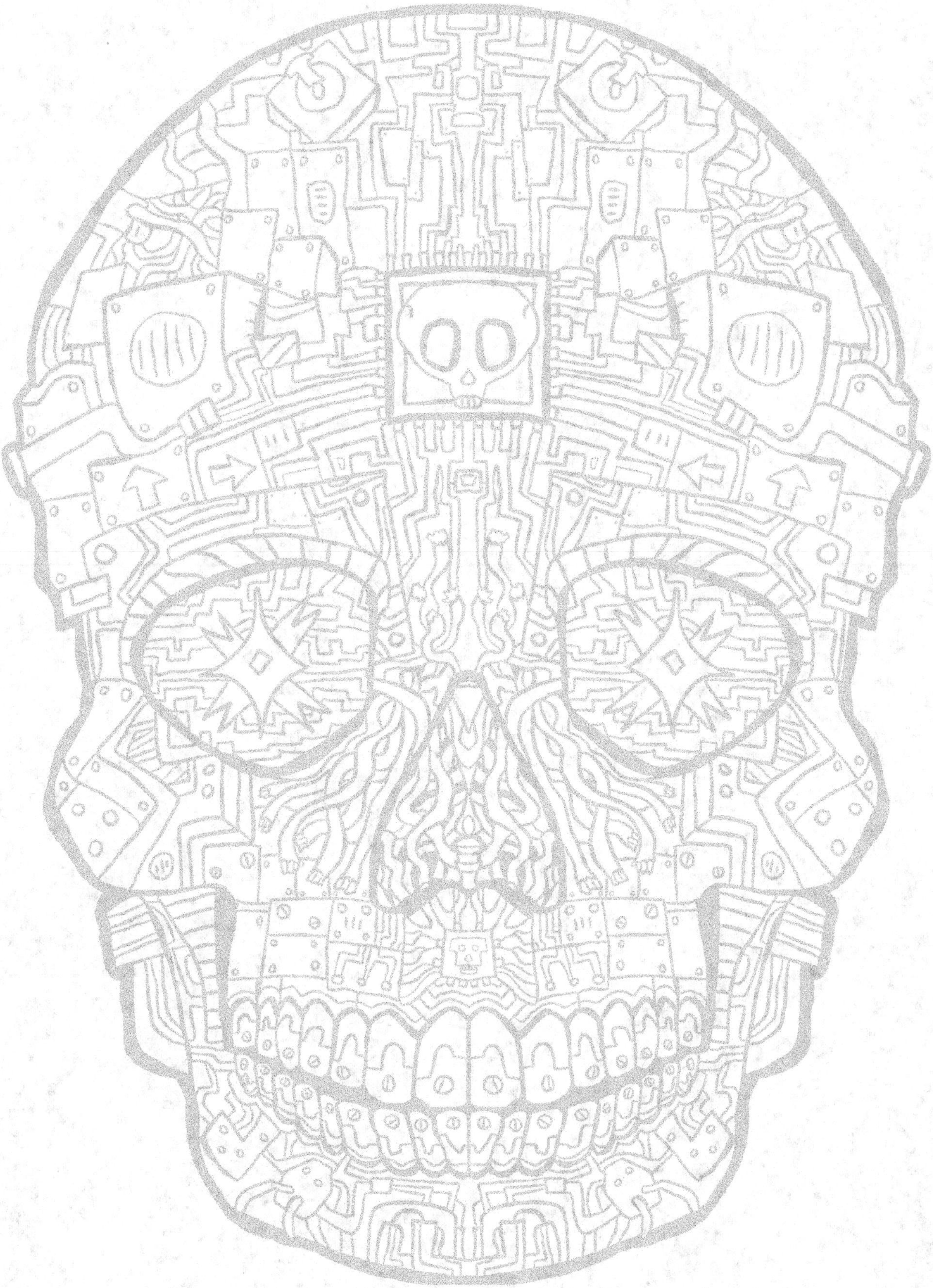

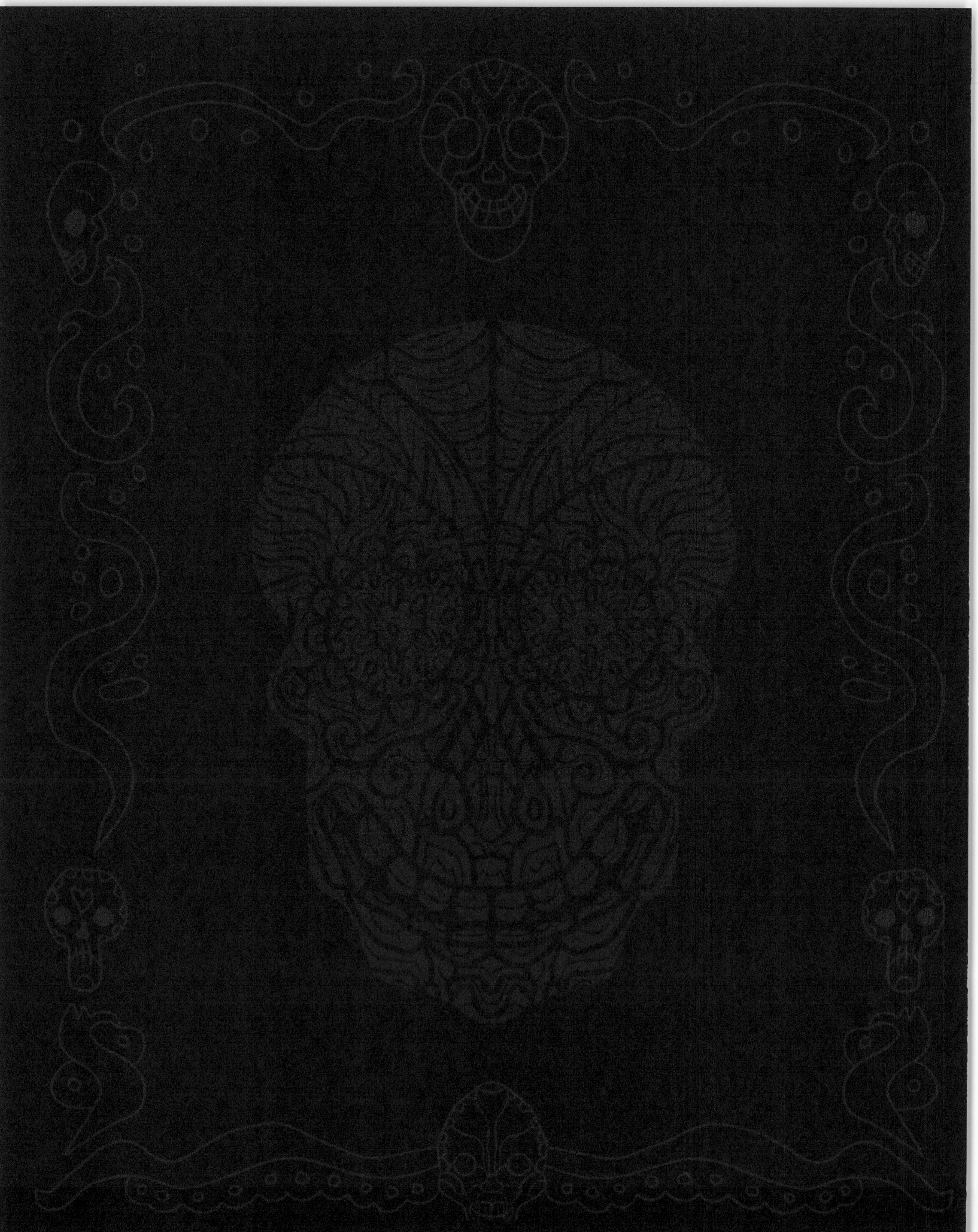

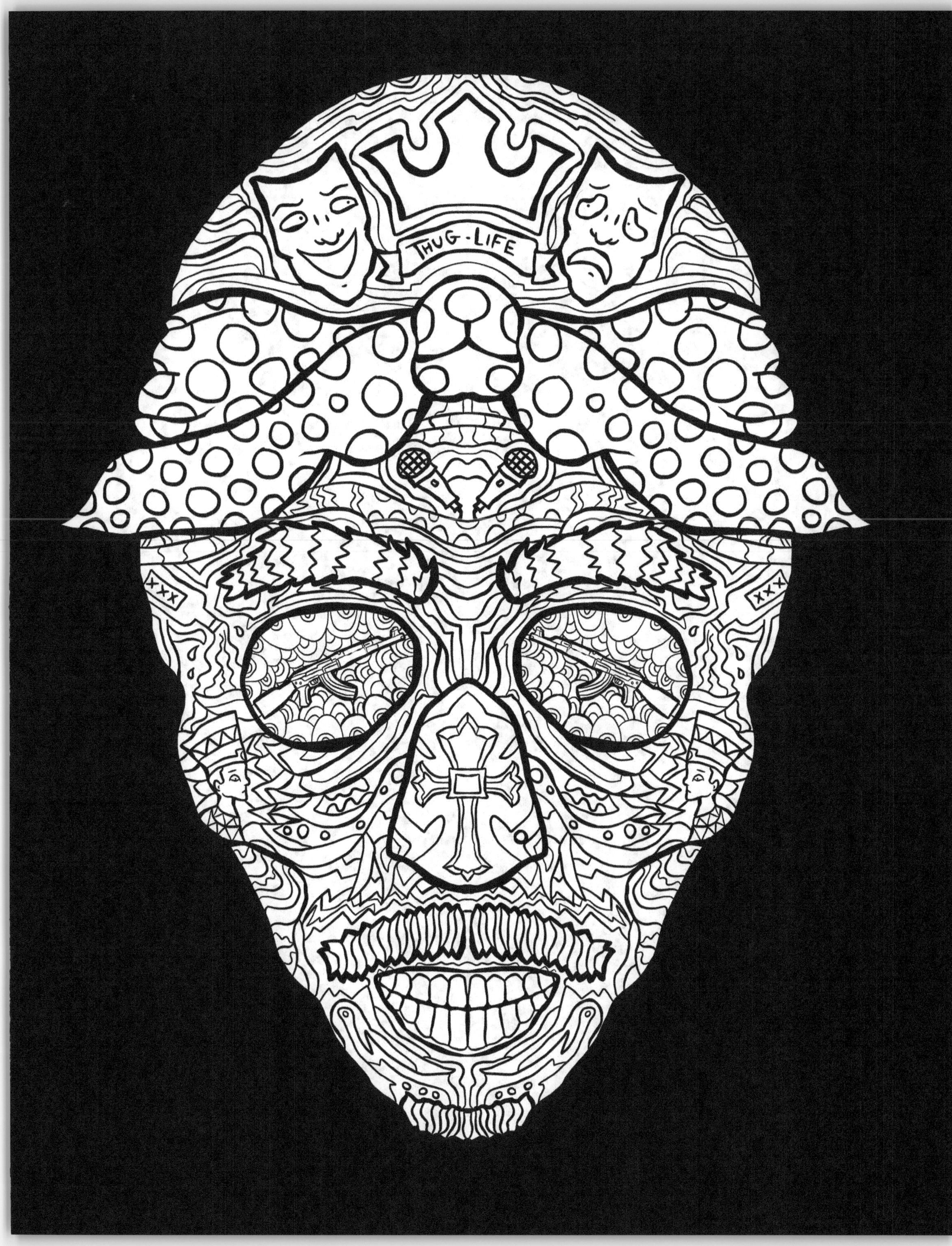
THUG-LIFE

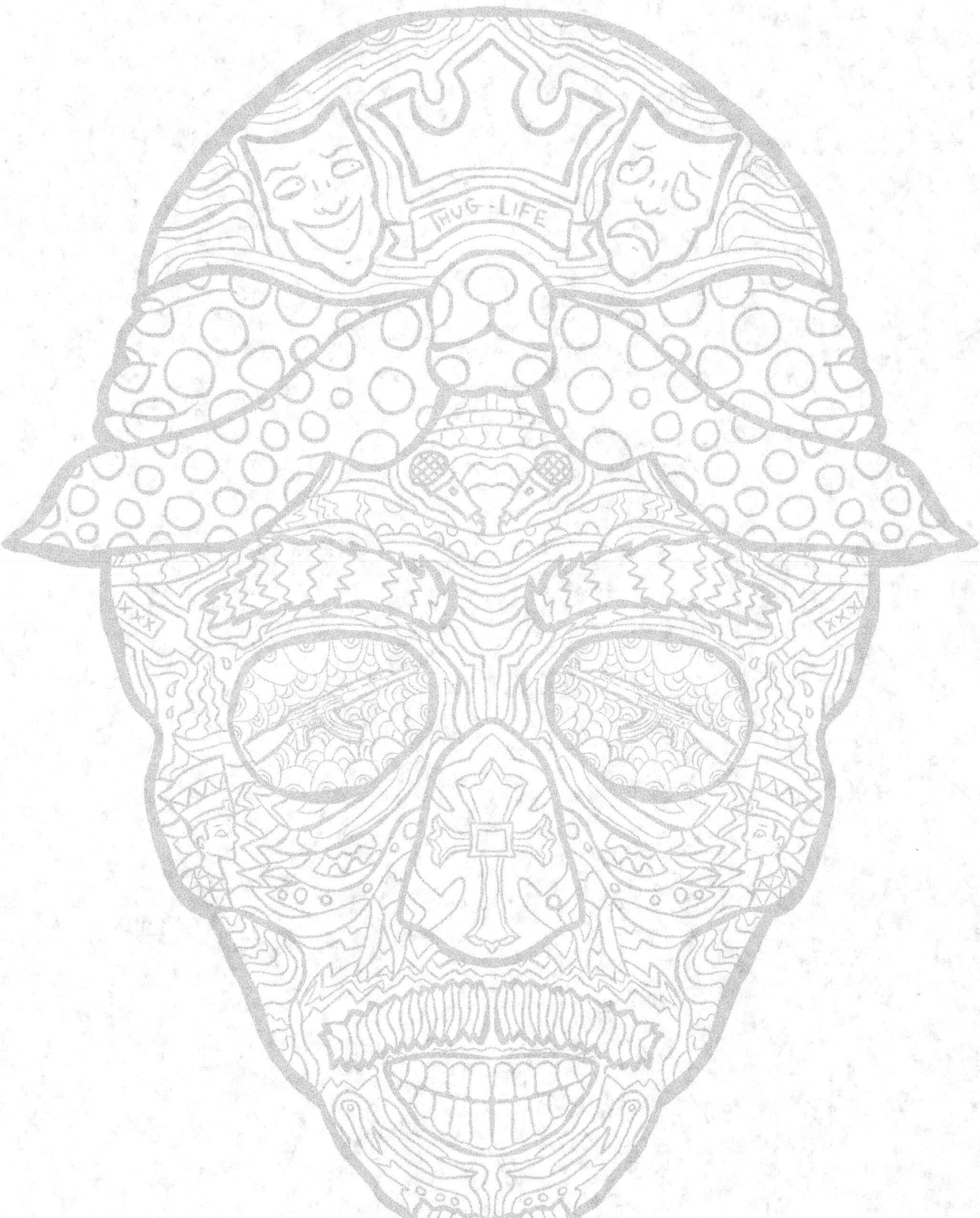
THUG LIFE

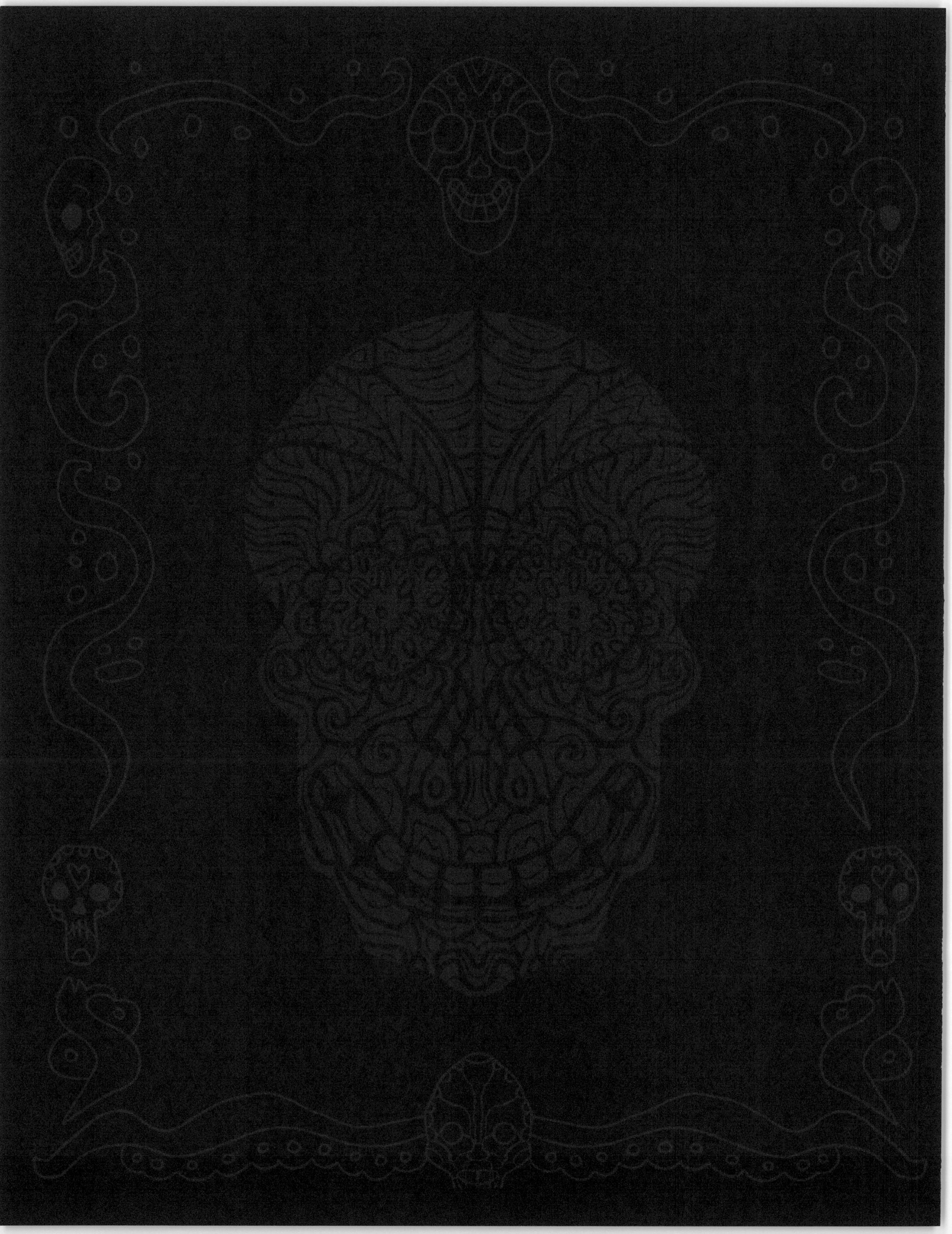

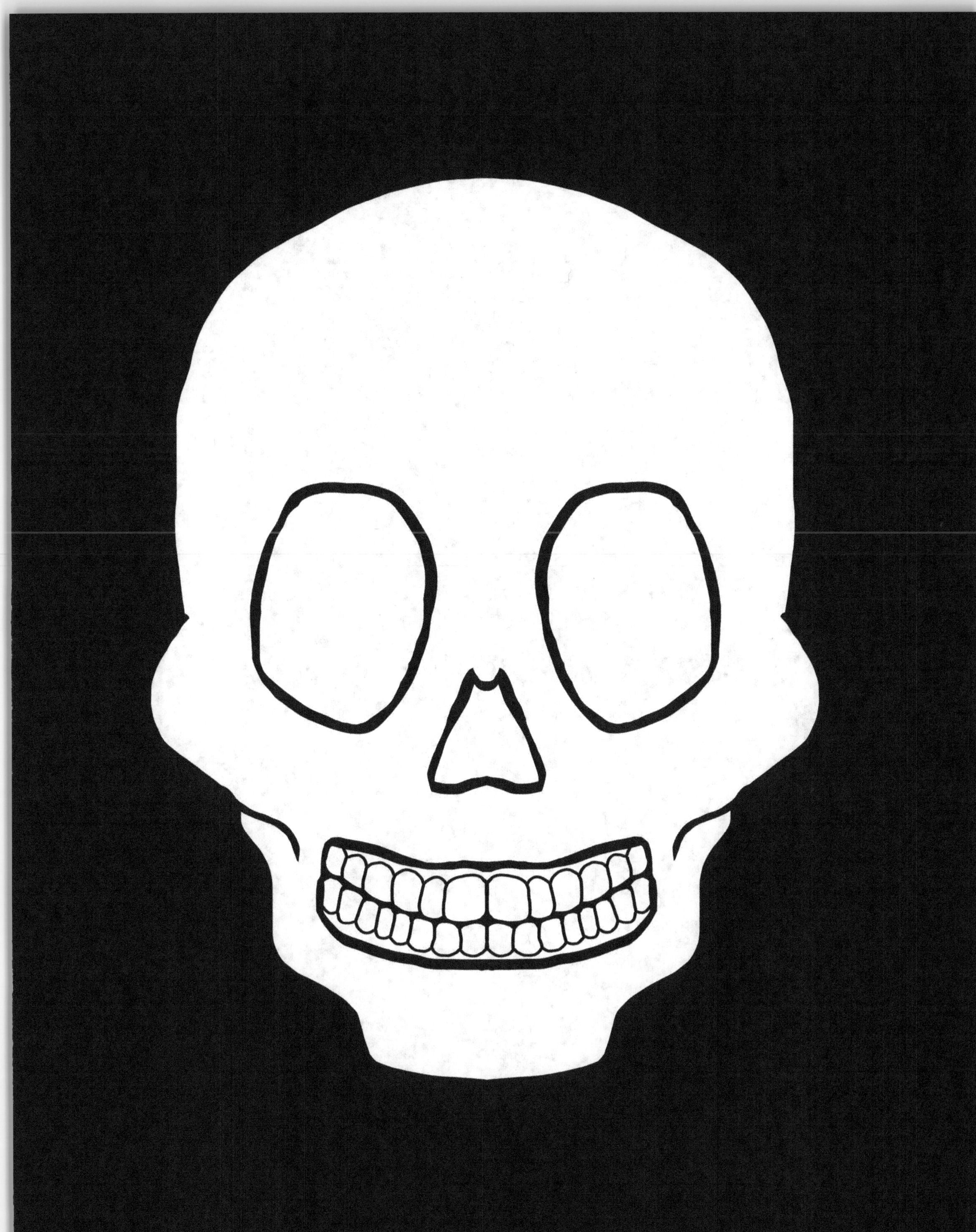

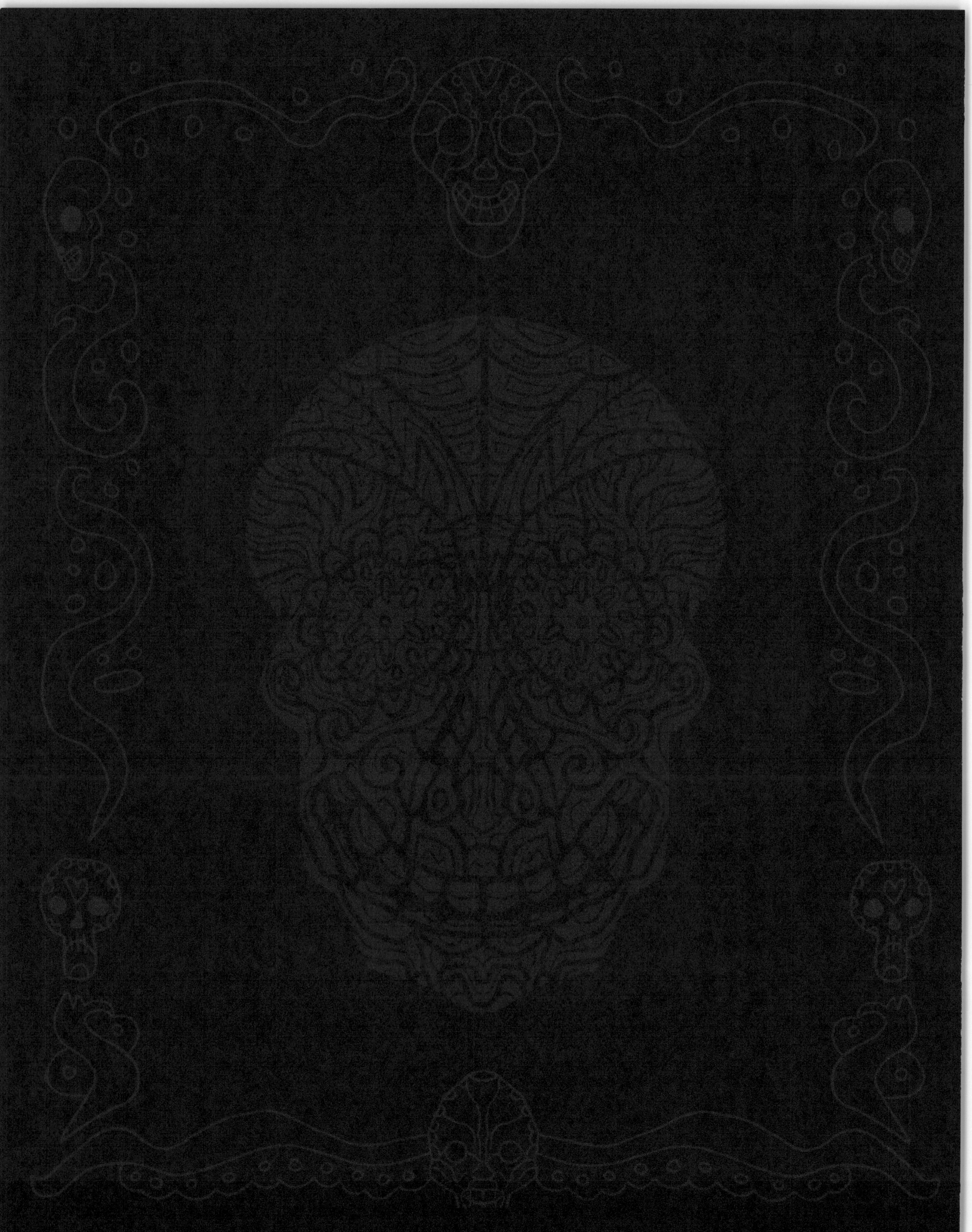

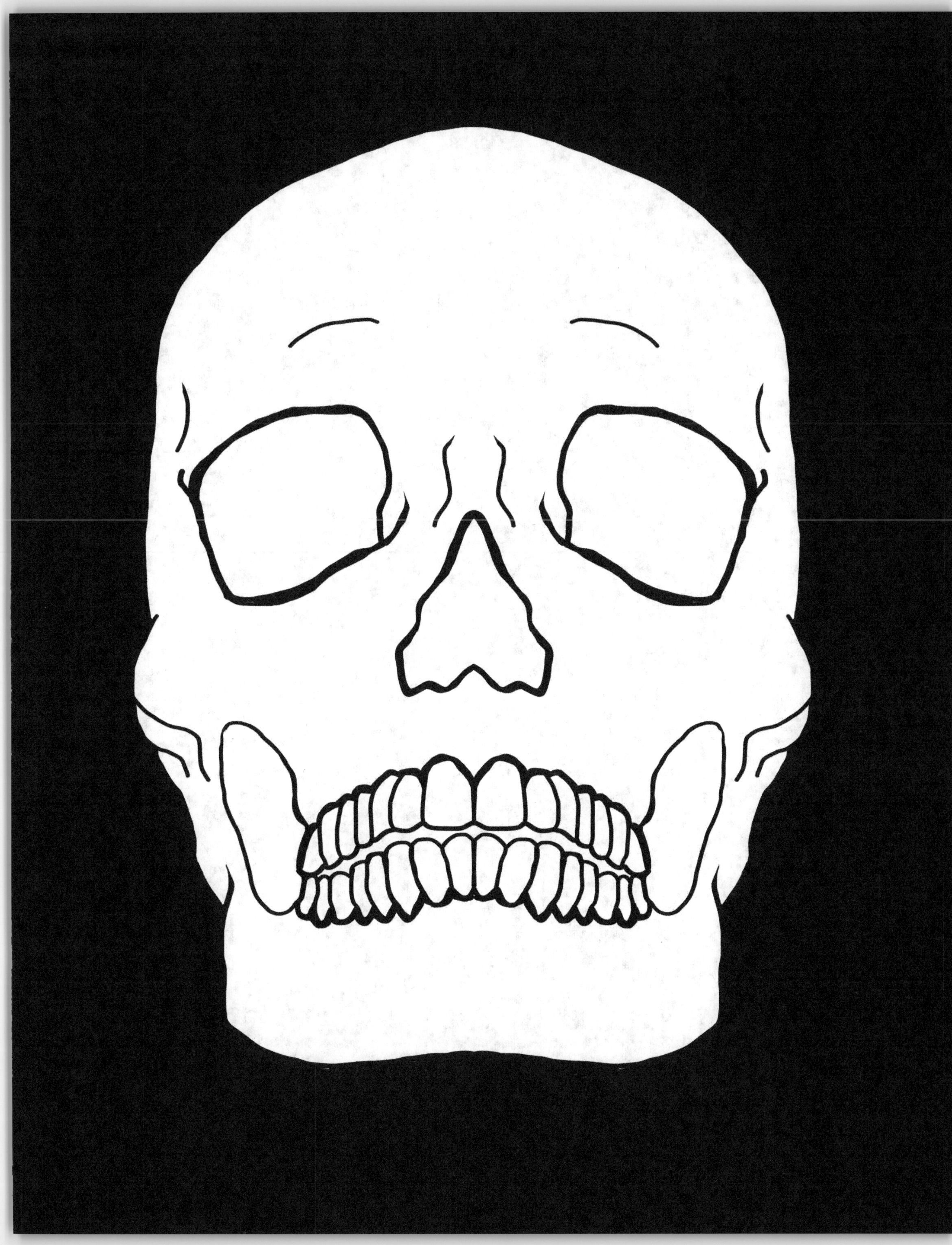

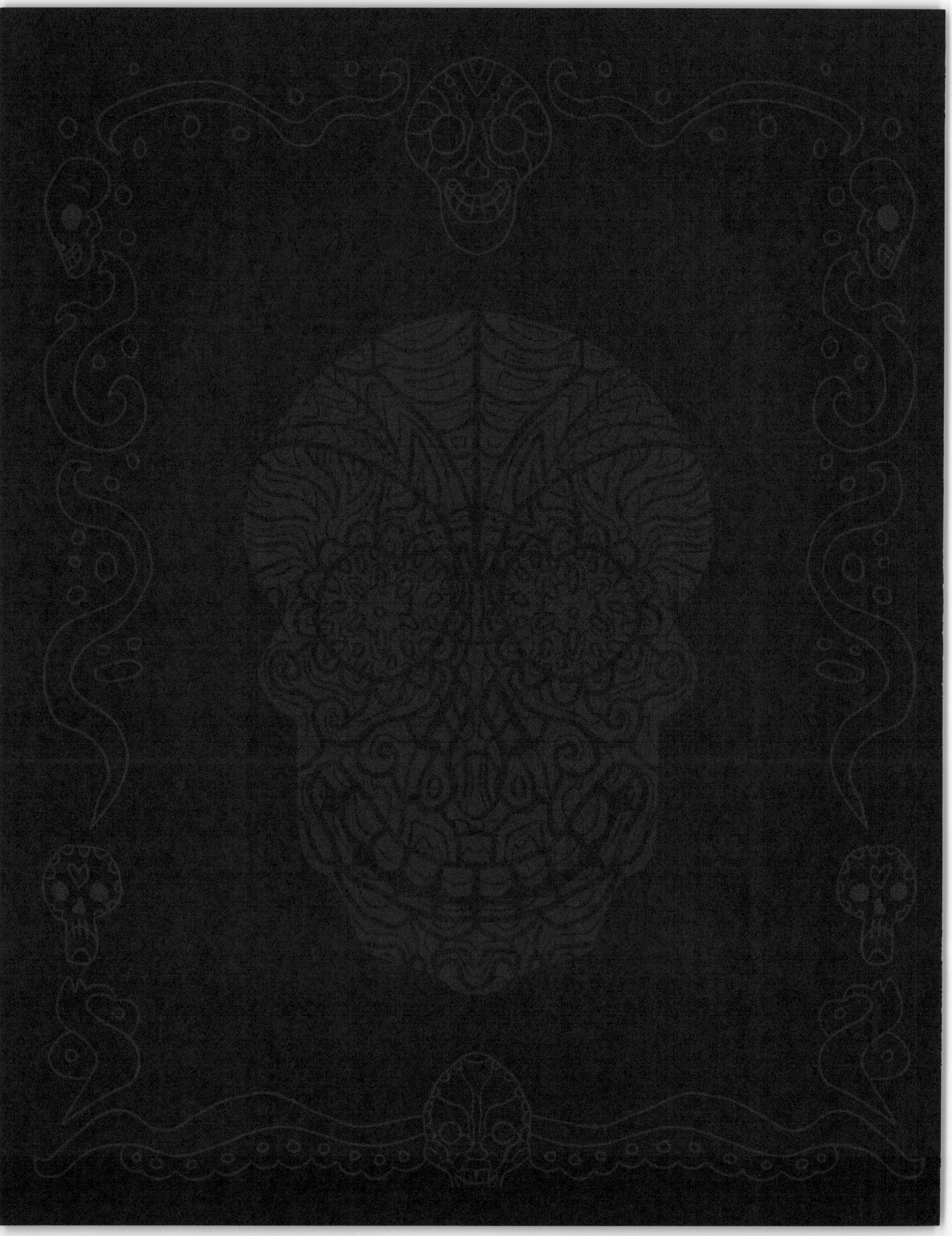

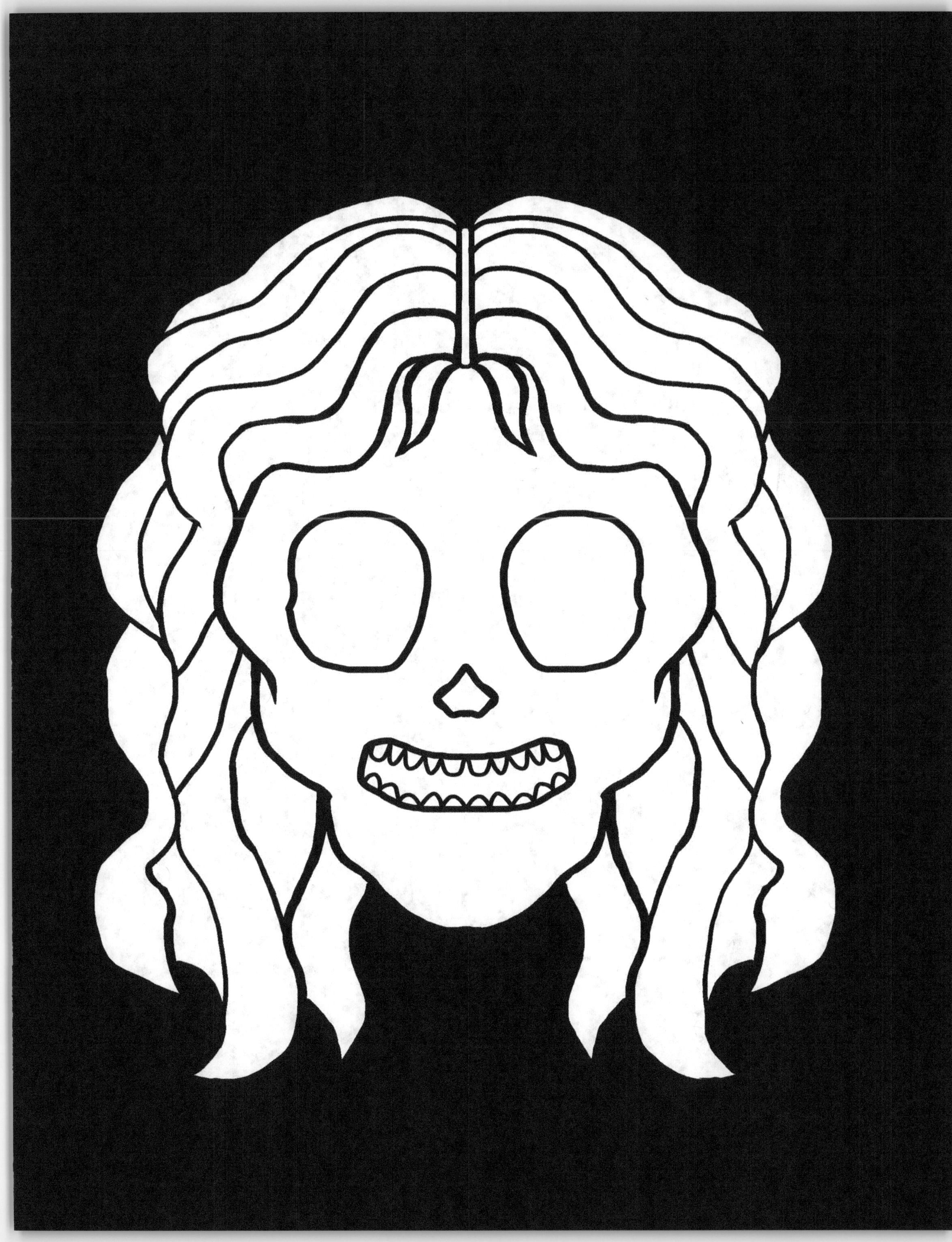

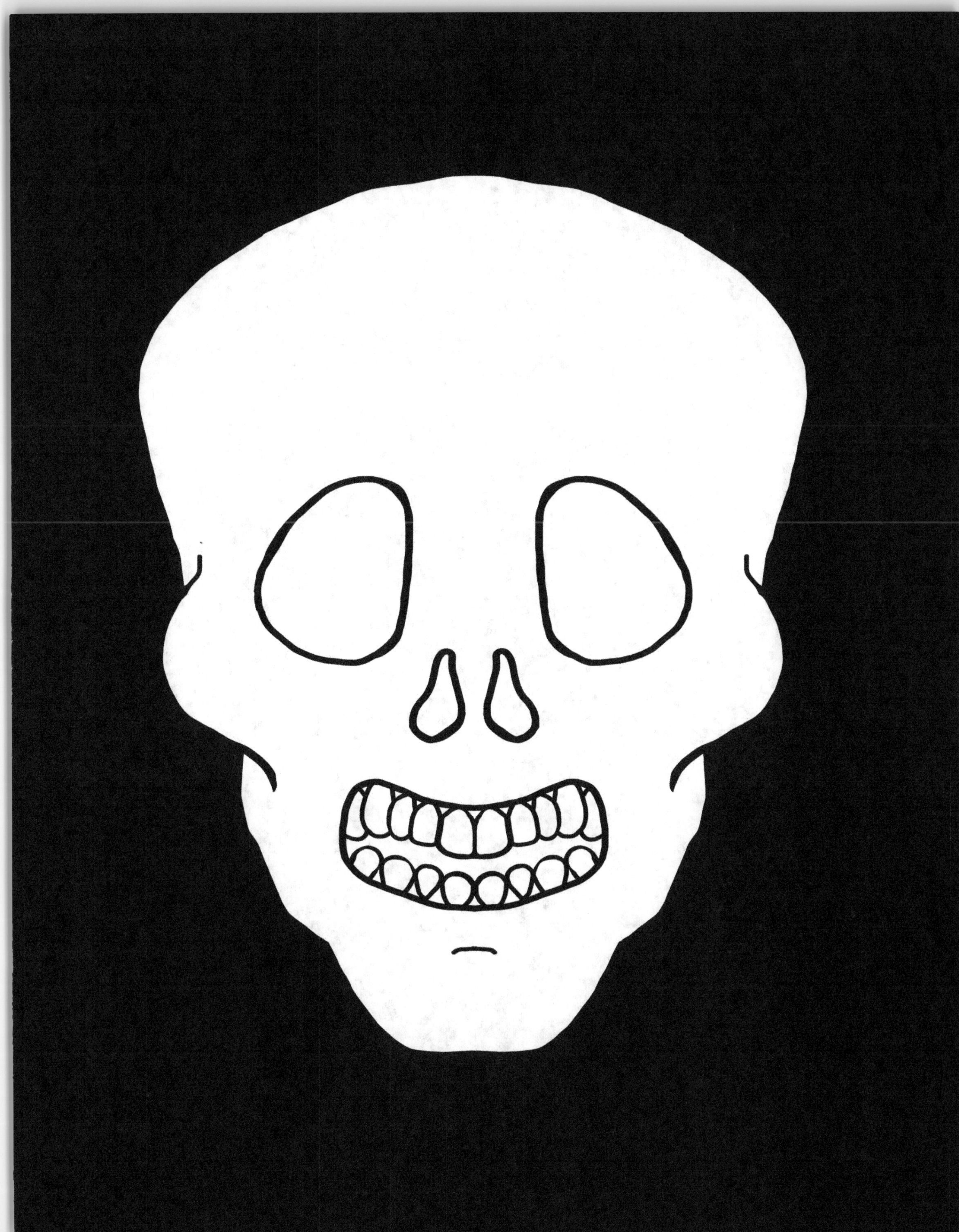

ALTRI LIBRI DELLA SERIE: GATTI, CANI, DRAGHI, CUORI, FIORI, RAGNI E ALTRO ANCORA.
BASTA CERCARE SU AMAZON "ANTONY BRIGGS" O "COLORAZIONE COMPLESSA".
POTETE TROVARE IL NOSTRO SITO ALL'INDIRIZZO:
WWW.COMPLICATEDCOLORING.COM
POTETE CONDIVIDERE IL VOSTRO LAVORO CON NOI SU INSTAGRAM
@COMPLICATEDCOLORING
SE AVETE APPREZZATO QUESTO LIBRO, SI PREGA DI LASCIARE
UNA RECENSIONE SU AMAZON. GRAZIE!

www.ingramcontent.com/pod-product-compliance
Lightning Source LLC
Chambersburg PA
CBHW082209220526
45470CB00010B/3100
* 9 7 8 1 9 7 8 4 8 7 3 2 1 *